아이들의 이름을 불러 주자

아이들의 이름을 불러 주자

정종민(鄭鍾玟) 지음

동문사

책을 펴내며

스승이고 싶습니다

교육대학교를 졸업하고 교직생활을 시작한 지도 어언 35년의 긴 세월이 흘렀습니다. 그런데도 해마다 스승의 날이 돌아오면 '내가 선생인가? 스승인가?'라고 자문해 봅니다. 제 자신에게 건네는 이 물음은 제가 학교에서 아이들을 직접 가르치지 않고 교육지원청에 근무하고 있기 때문에 하는 질문은 아닙니다. 스승이란 꼭 가르쳐야 얻어지는 호칭이 아니라 그동안 살아오면서 보여준 그 사람의 말과 행동, 모습, 인품에서 얻어지기 때문입니다.

모든 생물에 꼭 필요한 햇빛도 그림자를 드리우듯이 누구나 삶을 영위하다 보면 능력의 한계에 부딪쳐 좌절하고 절망할 때도 있고, 뜻하지 않은 일로 슬픔을 겪을 때도 있으며, 건강을 잃어 생사를 헤맬 때도 있습니다. 이때 누군가의 말과 행동, 모습, 인품을 생각하며 힘과 용기를 얻어 어려움을 극복할 수 있다면 이 누군가에 해당하는 사람이 바로 스승입니다.

선생과 스승은 다릅니다. 선생님이 학교에서 아이들을 가르친다고 해서 당연히 스승이 되는 것은 아니며, 학교에서 아이들을 가르치지 않는다고 스승이 되지 못하는 것은 아닙니다. “아이 하나를 키우기 위해서 온 동네가 나서야 한다.”는 말처럼 스승은 학교에도, 사회에도, 가정에도 있을 수 있습니다.

이런 점에서 본다면 저는 스승이 되기에는 너무 부족한 점이 많습니다. 다만 스승이고 싶어 노력할 따름입니다. 그 노력의 일환으로 그동안 중앙과 지방신문에 기고한 칼럼, KBS 제1라디오 <생방송 오늘> 프로그램에 기고한 명상의 글, 각종 잡지에 투고하거나 소개된 글을 한 곳에 모아 책으로 엮어 보았습니다.

그런데 매우 부끄럽고 몹시 두렵습니다. 세상 사람들은 이미 알고 느끼고 있는 것을 뒤늦게 새삼스럽게 말하는 것 같아 매우 부끄럽고, 이 책 또한 범람하는 수많은 책들과 함께 의미 없게 쓰레기로 버려질까 봐 몹시 두렵습니다.

이러한 부끄러움과 두려움을 극복할 수 있었던 것은 “내용이 좋으니 한번 책을 내보자.”는 아내의 격려가 있었기에 가능한 일이었습니다. 제 인생의 반려자이자 교직생활의 동반자인 사랑하는 아내에게 감사한 마음을 전합니다.

이 책의 글들은 다음과 같이 써졌습니다. 먼저 우리 교육에서 중요하고 시급하며 미흡한 부분을 지적하되, 비판하기 보다는 발전적 대안을 제시하려고 노력하였습니다. 대안 없는 비판은 무의미하기 때문입니다.

다음은 교육자뿐 아니라 학부모와 교육에 관심 있는 누구라도 쉽게 읽을 수 있도록 노력하였습니다. 쉬운 글에도 정신을 담을 수 있으며, 어려운 책은 가까이하기 힘들다고 생각했기 때문입니다.

마지막으로 이 책을 읽는 독자들에게 “여러분도 누군가에게 훌륭한 스승일 수 있다.”는 희망의 메시지를 전하고 싶었습니다. 우리 사회 곳곳에 스승이 많아지면 그만큼 우리 사회는 밝아질 것이기 때문입니다.

제 글을 가장 많이 읽어야 할 사람은 부족한 저 자신이라고 생각합니다. 그래서 저 또한 이 책의 독자가 되어 스승으로 거듭나려는 노력을 게을리하지 않으려고 합니다. 감사합니다.

2013년 6월 21일 새벽
청명산 자락 자택에서
정 종 민

차례

제1부 사랑, 믿음, 평화가 넘치는 교실

제2부 행복한 학교, 행복한 교육

제3부 습관화 교육이 세상을 바꾼다

제5부 행복한 방과후학교 운영

제6부 초등생 졸업논문

제1부

사랑, 믿음, 평화가 넘치는 교실

자연생태계의 만물이 서로 다른 모습으로 다툼 없이 조화를 이루듯이, 서로 다르게 태어난 우리들도 감사하는 마음으로 공감하고 공존할 때 더불어 살아가는 행복한 사회를 만들 수 있습니다.

사랑, 믿음, 평화가 넘치는 교실에서 감사, 공감, 공존, 정직, 친절, 갈등관리능력 등의 인성이 길러지며, 더불어 살아가는 진정한 행복이 시작됩니다.

1

아이들의 이름을 불러 주자

지난해 말 마을의 담벼락에 낙서를 하다 주민들의 신고로 경찰에 붙잡힌 한 꼬마 낙서범의 사연이 신문과 방송, 인터넷에 소개되면서 많은 사람들에게 큰 감동을 준 적이 있다.

신문기사의 내용인즉 가평군 현리의 한 조용한 마을에서 온 동네 곳곳의 담벼락에 '최미영'(가명)이라는 이름이 적힌 낙서가 있었는데, 지우면 다음날 또 어김없이 적혀지고 낙서는 수십 일간 반복되었다. 동네 꼬마의 장난이라고 생각한 마을 주민들은 화가 치밀어 '범인을 잡아서 혼을 내야 한다'고 입을 모은 뒤 하면파출소에 신고했다. 경찰이 탐문수사를 했지만 좀처럼 범인의 꼬리가 잡히지 않자 담벼락 부근에서 잠복 근무를 하게 되었는데, 잠복 몇 시간 만에 범인은 모습을 드러냈다. 바로 8, 9살가량의 청바지에 안경을 쓴 초등학생 꼬마. 경찰은 일단 아이를 파출소로 데려갔고, 낙서범이 잡혔다는 소식에 마을 주민들은 분노에 찬 얼굴로 파출소로 모여들었다.

나이 지긋한 한 주민이 어떻게 된 건지 자초지종을 물었지만 꼬마는 말이 없었다. 한 시간여가 흐르고 나서야 안정을 되찾았는지 꼬마가 비로소 말문을 열었다. "최미영은 우리 엄마 이름이에요. 많은 사람들이 우리 엄마 이름을 같이 보고 불러 주면, 아픈 우리 엄마가 힘내서 빨리 나을 것 같아서요. 잘못했어요." 순간 파출소는 시간이 멈춘 듯 정적이 흐르고, 동네 어른들은 아이의 머리를 말없이 쓰다듬었다. 그리고 "더 이상 이 일에 대해 문제 삼지 않고, 마을 어디든지 마음껏 낙서를 해도 된다."며 낙서를 허락했고, 이 사연이 전해지면서 지방경찰청의 홍보영상으로 제작되기도 했다.

동화가 아니고 1년 전의 실화를 바탕으로 제작된 애니메이션 홍보영상이라는 소식에 가평군 현리를 학구로 하는 초등학교에 전화를 걸어 보았다. 교장 선생님께서는 "그렇지 않아도 경찰서와 신문사로부터 연락을 받고 그 아이를 찾아보았어요. 하지만 새로 도로가 생기면서 낙서를 했던 담벼락도 없어지고, 모든 선생님이 동원되어 생활기록부를 살피며 찾아보았지만 찾을 수가 없었어요."라며 안타까워하셨다.

문득 '우리나라 전체 학생 중에 학교에 등교해서 하루 종일 선생님으로부터 이름 한 번 불리지 않는 학생은 몇 명이나 될까?'라는 생각을 해보았다. 그 많은 학생들 중에는 가난해서 밥을 굶고 등교하는 아이, 부모의 부부싸움을 목격하고 등교하는 아이, 앓아누워 있는 할아버지 또는 할머니의 모습을 뒤로 하고 등교하는 조부모 가정의 아이 등 저마다 이런 저런 사연으로 인해 마음에 먹구름을 가득 안고 차마 떨어지지 않는 발걸음으로 학교에 오는 아이들도 있을 것이다. 이런 아이들에게 이름을 불러 주며 반겨 주는 선생님의 말 한마디는 가정에서의 울적함을 털어 버리고 학교생활을 힘차게 시작하는 활력소가 될 수 있을 것이다.

공부시간에 발표를 잘하는 학생들이야 한 시간에도 여러 번 이름이 불려 지겠지만, 기초학력 부진 아이, 친구와의 다툼으로 속이 상해 있는 아이, 집안 걱정으로 선생님의 말씀이 들리지 않는 아이들은 그저 멍하니 앉아 있을 뿐 선생님으로부터 이름 한 번 불리지 않고 무관심 속에서 하루를 보낼 수도 있다. 이런 아이들에게 이름을 불러 주며 격려해 주는 선생님의 따뜻한 말 한마디는 모든 잡념을 털어 버리고 배움에 집중하는 촉진제가 될 수도 있을 것이다. 모든 학생들이 즐겁고 행복한 학교생활이 될 수 있도록 한 아이도 빠짐없이 적어도 하루에 한 번 이상은 이름을 불러 주며 칭찬하고 격려해 주자.

(경인일보, 2011.02.11, 금요일, 18면)

2

감사하는 마음을 길러 주어야

어떤 사람이 마을의 일정한 구역에 있는 모든 집에 한 달 동안 매일 만 원씩을 아무런 조건 없이 나누어 주면서 그 결과를 관찰해보는 아주 특별한 실험을 했다. 첫째 날, 집집마다 들러서 현관에 만 원을 놓고 나오는 그를 보고 사람들은 제정신으로 하는 행동인지 의아해 하면서도 슬금슬금 나와서 돈을 집어 갔다. 다음 날 또 그 다음 날도 거의 비슷한 일이 벌어졌고, 마을은 만 원씩 선물로 주고 가는 사람의 이야기로 떠들썩했다.

둘째 주쯤에 마을 사람들은 현관입구까지 나와 돈을 나눠주는 사람이 오는 쪽을 뚫어져라 바라보며 언제쯤 올 것인가 기다렸다. 그런데 셋째 주쯤에는 더 이상 그 이상한 사람이 와서 돈을 주는 것을 신기해하거나 고맙게 생각하지 않았다. 그리고 넷째 주쯤에는 매일 만 원씩 돈을 받는 것이 마치 아침에 일어나 세수하고 밥 먹고 출근하는 것 같은 일상사가 되어 버렸다.

드디어 실험기간이 끝나는 한 달의 맨 마지막 날, 그 사람은 평소와는 달리 마을 사람들에게 돈을 나눠주지 않고 그냥 골목을 지나갔다. 그러자 이상한 반응들이 터져 나왔다. 여기저기서 투덜거리거나 화를 내기 시작했다. 어떤 사람은 성난 목소리로, "우리 돈은 어디 있습니까? 당신에게 어떤 사정이 있는지 모르겠지만, 왜 오늘은 내 돈 만 원을 안 주는 겁니까?"라고 따져 묻기까지 했다. 마을 사람들에게 매일 만 원씩을 받는 일은 어느 새 당연한 권리가 되어 버렸던 것이다.

행복닷컴에 나오는 위의 예화는 우리로 하여금 감사의 참의미를 되새겨 준다. 감사는 긍정적인 반응능력이다. 사건이 발생하면 그 사건을 어떻게 해석하느냐에 따라 반응이 달라진다. 매일 만 원씩 받던 것이 중단되었을 때 그동안 받은 돈에 대해 감사할 수도 있고, 계속 받지 못하게 된 것에 대해 불만을 가질 수도 있다. 그 사건을 긍정적으로 해석하면 감사하는 마음이 들고, 부정적으로 해석하면 불평, 불만이 되는 것이다. 따라서 아이들에게 어떤 사건에 대해 긍정적으로 반응할 수 있는 능력을 길러 감사하는 마음을 갖게 하고, 행복에 이르게 하는 것이 바로 우리가 해야 할 일이다. 인도의 시인 타고르가 '감사의 분량이 곧 행복의 분량'이라고 했듯이 감사는 행복의 기본조건이며, 행복은 감사의 토양에서만 자라는 나무이기 때문이다. 감사하는 마음을 길러 줄 수 있는 몇 가지 방안을 제언해 본다.

첫째, 아주 작은 것에 감사하는 마음을 갖도록 지도하여야 한다. 감사는 작은 것에서 출발한다. 작은 것이라도 받은 것을 받았다고 인정하는 것이 감사다. 사실 우리가 살아가는 데 꼭 필요한 것은 누군가로부터 받은 것이다. 그 중에서도 거저 받은 우리의 생명, 산소, 하늘, 햇빛, 공기,

흙, 물에 대해 당연하게 생각할 것이 아니라 감사의 마음으로 이를 소중하게 여길 수 있도록 지도하여야 한다.

둘째, 남이 보지 못하는 것을 보고 감사할 줄 아는 통찰력을 길러 주어야 한다. 사실 우리는 부모님의 사랑, 선생님의 가르침, 동네 어르신들의 보살핌, 친구들의 우정, 119 소방관의 구호, 그리고 자연의 아름다움과 물질문명의 이로움 등 헤아릴 수 없이 많은 고마움 속에 살아가면서도 정작 그 고마움을 느끼지 못하고 생활하고 있다. 그 고마움을 당연한 것으로 받아들이고 표현하지 못하는 아이들에게 감사의 조건을 찾을 수 있는 통찰력을 길러 감사하는 마음을 가질 수 있도록 지도하여야 한다.

셋째, 학교급식도 단순히 아이들에게 밥을 먹이는 데 그치지 말고, 이를 통해 바른 식사예절을 습관화시키고, 급식이 이루어지기까지 수고하신 수많은 분들께 감사하는 마음을 가질 수 있도록 지도하여야 한다.

어느 가수가 <사람이 꽃보다 아름다워>라고 노래하듯 사람이 꽃보다 아름다워지려면 꽃보다 진한 향기가 있어야 한다. 향기 있는 사람은 범사에 감사할 줄 아는 사람이다. 감사해야 할 대상은 의외로 많고 가까운 곳에 있다. 그 사람의 행복을 위해서가 아니라 나의 행복을 위해서, 마음을 열고 그 사람에게 감사하자. 행복해서 감사드리는 것이 아니라 감사드리기에 행복해지는 것이다. 모든 일에 감사하는 마음을 길러 우리 아이들에게 행복의 문을 활짝 열어주자.

(중부일보, 2011.08.23, 화요일, 21면)

3

사랑, 믿음, 평화가 넘치는 교실

세상에서 가장 아름다운 그림을 그리려는 화가가 있었다. 그는 결혼할 신부에게 세상에서 가장 아름다운 것이 무엇이냐고 물었다. 신부는 “사랑이지요. 사랑은 가난을 부유하게, 적은 것을 많게, 눈물도 달콤하게 만들지요.”라고 대답했다. 화가는 고개를 끄덕였다. 이번엔 목사님께 똑같은 질문을 던졌는데, 목사님은 “믿음이지요. 하나님을 믿는 마음이야말로 세상에서 가장 아름답습니다.”라고 말했다. 마지막으로 한 병사에게 물었더니, 병사는 “평화가 가장 아름답고, 전쟁이 가장 추하지요.”라고 대답했다.

순간 화가는 사랑, 믿음, 평화를 한데 모으면 멋진 작품이 될 것 같았다. 그렇다면 무엇을 그려야 할까? 화가는 여러 곳을 돌아다니며 그 대상을 찾았으나 좀처럼 찾을 수 없었다. 이제는 돈도 떨어져 제대로 먹을 수 없고 차를 탈 수도 없었다. 몸도 마음도 지치고 그림 한 장 그리지 못했는데, 집 생각이 났다. 화가는 ‘그래 집으로 돌아가자. 가서 푹 쉬자.’는 생각에 집으로 향했다. 초인종을 누르자 “아빠다!”하고 아이들이 함성을 지르며 문을 열어 주었다.

오랜만에 아빠를 보자 아이들은 껴안고 얼굴을 부비며 매달렸다. 식탁 위에는 밥과 반찬이 차려져 있었고, 아내는 "시장하시죠? 어서 식탁에 앉으세요."하며 반갑게 남편을 맞이하였다. 화가는 그제야 깨달았다. 아내의 눈 속에서 사랑을, 아이들의 눈 속에서 믿음을, 또 사랑과 믿음으로 세워진 가정에 평화가 있음을 보았다.

행복닷컴에 나오는 위의 예화에서 화가가 가장 아름다운 그림을 그리기 위해 찾아 나섰던 사랑, 믿음, 평화는 교육에서도 꼭 필요하다. 그리고 화가가 가정에서 이것들을 발견한 것처럼, 교육활동의 중심 공간인 교실에는 항상 사랑, 믿음, 평화가 넘쳐야 한다.

첫째, 사랑이 넘치는 교실이어야 한다. 선생님만 존재하고 아이들이 없는 교실은 상상할 수 없다. 비록 아이들이 제도의 틀에 묶여 교실에 출석했다고 해도 마음이 선생님을 떠나 있으면 진정한 교육이 이루어질 수 없다. 교육에서 제일 먼저 해야 할 일은 아이들의 마음을 잡는 것이다. 맛있는 음식, 빼어난 절경에 사람들이 모이고, 먹이를 던져 주면 비단잉어가 모이는 것처럼 아이들의 마음이 모이게 하는 힘은 바로 사랑이다.

둘째, 믿음이 넘치는 교실이어야 한다. 믿음이란 지금까지의 정황에 비추어보건대 이대로 가면 목적에 도달할 수 있다는 긍정적 기대이다. 교실을 살리는 길은 아이들과 학부모들이 긍정적 기대를 가질 수 있도록 교사들이 스스로 먼저 변해야 한다. 그리하여 학부모와 학생은 교사를 믿고 존경하며, 교사는 열정으로 가르치는 교실이 되어야 한다.

셋째, 평화가 넘치는 교실이어야 한다. 평화란 '평온한 상태(平)가 되는(和) 것'이다. 중요한 것은 나에게만 평온한 상태가 되는 것이 아니라 모두 함께 평온한 상태가 되어야 진짜 평화인 것이다. 따라서 더불어 사는 평화교육의 핵심은 평온상태로의 관계개선을 위해 학생들끼리 서로 갈등을 풀어 나갈 수 있는 능력을 길러 주는 것이다. 자기 자신을 사랑하는 만큼 상대방을 있는 그대로 인정해 주고, 함께 어울려 상호 존중 속에서 각자의 꿈을 키워 가야 한다.

이 세상에서 가장 큰 힘은 사랑·믿음·평화인 것을 보여 준 사건이 2010년 10월 13일 칠레 북부의 어느 광산에서 일어났다. 지하 700m에 갇혀 있던 광부 33명이 자그마치 69일 만에 모두 구조된 것이다. 생존 가능성이 1%도 안 된다는 절망 속에서도 광부를 향한 가족과 온 국민의 사랑, 살 수 있다는 광부와 살릴 수 있다는 구조대원의 믿음, 곧 구출된다는 소식이 들렸을 때 서로 먼저 나가라고 동료를 배려하는 평화 정신이 결국 기적을 낳은 것이다.

교육은 사람의 마음을 변화시키고 움직이는 것이다. 사랑한 만큼, 믿어 준 만큼, 평화로운 만큼 아이들은 꼭 그대로 자란다. 현재의 교실모습이 미래의 사회모습이며, 교실에서의 사랑·믿음·평화가 곧 우리 사회의 사랑·믿음·평화임을 잊지 말아야 한다.

(중부일보, 2012.04.24, 화요일, 20면)

4

아이들에게 최고의 삶을 열어 주자

네덜란드의 문화사가 요한 하위징아(Johan Huizinga, 1872~1945)는 '노동과 놀이의 차이가 무엇인지'에 대한 깊이 있는 통찰로 유명한 인물이다. 그에 따르면 '노동'은 수단과 목적이 분리돼 있지만 '놀이'는 수단과 목적이 결합돼 있다는 것이다. 건물 공사장에서 모래를 나르는 사람에게 모래 나르기는 수단이고, 그가 받을 임금은 목적이다. 그러나 뙤약볕 아래서 시간 가는 줄 모르고 모래로 이것저것 만들고 부수면서 즐겁게 놀고 있는 아이들에게는 모래 만지기는 수단인 동시에 목적이다. 자신이 하고 있는 일이 수단이면서 목적일 때 우리는 기쁨으로 충만한 삶을 영위할 수 있는 반면, 자신의 일이 무엇인가를 위한 수단에 불과하다면 고단한 삶을 살아야 한다.

하위징아는 또한 놀이가 노동으로 변질되지 않으려면 자유가 전제돼야 한다고 강조했다. 어느 회사 사장이 최근에 등산에서 느꼈던 새로운 즐거움을 부하 직원들과 나누고 싶어서 한 달에 한 번 산행을 가야 한다는 규정을 만든다고 해도, 명령이 개입되는 순간 놀이가 노동으로 변해

버리기 때문에 직원들도 사장처럼 즐거움을 느끼기는 거의 불가능하다는 것이다.

한편, 2008년 삼성경제연구소가 배포한 '근로관의 국제 비교' 보고서에 따르면, 31개국의 20~69세 근로자를 대상으로 설문조사한 결과 우리나라의 근로관은 '생계수단형'으로 분류됐다. "왜 일을 하느냐?"는 물음에 대해 미국인은 "자아를 실현할 수 있어서", 프랑스인은 "일이 재미있어서", 일본인은 "사람들과 어울리는 게 좋아서"라고 대답한 반면 한국인은 "먹고살기 위해서"라고 답했다고 한다.

실제로 한국인이 일에 대해 느끼는 흥미는 100점 만점에 65.8점으로 미국(81.7점), 프랑스(78.4점), 일본(71.1점)보다 훨씬 낮게 나타났다. 또 일에 대한 만족도도 66.6점에 불과해 미국(77.0점), 프랑스(69.5점), 일본(68.6점) 등에 못 미쳤다.

위대한 사람들은 한결같이 자신이 했던 일이 즐거웠을 뿐이라고 이야기하는 것처럼, 아이들이 기쁨과 행복이 가득한 삶을 영위할 수 있게 하기 위해서는 우리 교육을 혁신해야 하며, 그 방안을 몇 가지 제언하고자 한다.

첫째, 교육과정을 창의적으로 설계하여야 한다. 그간의 학교 교육과정이 수업일수 확보, 산술적인 시수 증감 등 외형적인 측면에 치중했다면, 이제는 교육과정의 내용 재구성, 운영 방법 다양화 등 교육과정을 창의적으로 설계하여야 한다. 학생, 학부모, 교원 및 지역 실태를 분석하여 그 학교에 맞는 교육과정을 편성·운영하여야 한다. 특히 학생의 흥미, 관심, 요구, 필요를 조사하여 학생 개개인의 차이가 존중될 수 있도록 학급 교육과정을 편성하고, 개별화된 배움의 기회가 보장되도록 운영되어야 한다.

둘째, 방과후학교를 내실 있게 운영하여 잠재능력을 최대한 발현시켜 주어야 한다. 얼굴이 다른 것만큼이나 아이들의 잠재능력은 모두 다르다. 따라서 좀 더 다양한 방과후학교 부서를 개설하여 수요자인 학생과 학부모의 선택권을 존중해 주어야 한다. 수요조사 결과 수강자가 적으면 인근학교와의 연계 운영을 통해 아이들이 원하는 부서에서 즐겁게 학습할 수 있는 방안을 모색해 보아야 한다. 투명한 절차에 따라 우수강사를 채용하여 프로그램의 질도 높여야 한다. 방과후학교를 통해 각자의 잠재능력을 최대한 계발시켜 주고, 진로교육과 연계하여 밝은 미래를 열어 주어야 한다.

셋째, 소질과 적성을 찾아내어 구체적인 목표와 계획을 세울 수 있도록 체험중심의 진로지도를 해주어야 한다. 초등학교의 진로인식, 중학교의 진로탐색, 고등학교의 진로계획 단계 교육을 체계적으로 실시하여 대학에서의 진로준비에 부족함이 없도록 지도해 주어야 한다.

다양한 잠재능력을 지닌 아이들이 스스로 꿈을 찾아내고 미래에 도전할 수 있도록, 학교는 다양성을 인정하고 무한한 가능성을 키워 주어야 한다. 이를 위해 학교에서의 학습활동은 탐구, 토론, 논술, 독서중심으로 다양하게 놀이처럼 이루어져야 한다. 목적과 수단을 결합시키는 교육으로 우리 아이들에게 기쁨과 행복이 가득한 최고의 삶을 열어 주자.

(경인일보, 2011.04.18. 월요일, 13면)

5
생명존중교육, 체험중심으로 펼쳐야

우리나라 자살사망자 수는 2000년 6,444명에서 2009년 15,413명으로 2.4배 증가하였고, 10만 명당 31명이 자살한 것으로 나타나 경제협력개발기구(OECD) 국가 중 자살률 1위를 고수하고 있다. 또한 초·중·고 청소년 자살 건수가 2009년에 202명으로 전년보다 47%나 급증한 것으로 나타나 사태의 심각성을 더해 주고 있다. 이제 자살은 더 이상 개인의 문제가 아니라 우리 모두가 깊이 고민하여 해결해야 할 국가·사회적 문제로 대두되면서, 말이 아닌 행동으로 실천하는 체험중심의 생명존중교육이 절실하게 되었다.

봄이 오고 새 학년이 시작되면 학생들의 관찰교육이나 정서 함양, 교직원의 승진 축하 등을 위해 반입된 화분들이 학교 곳곳을 수놓는다. 그런데 이 화분의 관리가 문제다. 특히 공휴일이나 연휴, 방학기간에는 좀 더 세심하게 관심을 갖고 관리하여야 하는데도 현실은 그렇지 못하다. 그 어느 곳보다 많은 사람이 생활하고 있는 학교 안에서 화분의 화초가 시들어 가고 있는데도, 눈여겨보는 사람은 없고 눈에 띈다 해도 솔선수범하여 물을 주는 사람은 드물다. 학교에 들어오는 화분이 가장 불쌍하다고 이구동성으로 말하지만 이런 현상을 극복하기 위한 노력은 부족하다. 목이 말라 시들어 가고 있는 화분 옆에서 이루어지고 있는 생명존중교육이 얼마나 실천될 수 있을까? 하는 의문을 가져 본다. 한두 끼쯤의 기아체험이나 하루쯤 물을 마시지 않는 체험을 통해 시들은 화초가 겪고 있을 고통을 함께해 보고 화초를 잘 기르기 위해 학생들이 해야 할 일을 토의하고 실천해 보면 어떨까?

또한 학교에서는 간혹 토끼, 닭, 공작 같은 동물들을 사육하다가 먹이를 주지 않거나 질병, 관리소홀 등으로 죽으면, 별다른 생각 없이 사체를 유기하는 경우가 많다. 이런 현실에서 수원의 한 초등학교에서 이루어진 토끼 장례식은 생명존중교육 측면에서 시사하는 바가 큰 것 같다. 그 학교는 학생들에게 생명존중의 마음을 심어주기 위해 토끼장을 만들고 학년별로 한 마리씩 새끼 토끼 6마리를 구해 교실 앞 화단에 기르기 시작했다. 아이들은 토끼 6마리 모두에게 각각 이름을 지어주고 아침이면 토끼 주위로 몰려들어 집에서 가져 온 배추나 상추 잎을 주고, 쉬는 시간이면 안아주고 뽀뽀하며 운동장을 함께 뛰어다니고, 주말에도 많은 학생들이 토끼와 함께 놀기 위해 학교에 나오는 등 즐거움을 만끽하면서 너무나 행복해 했다. 그러나 행복도 잠시 1학년 토끼 아폴론이 갑자기 숨을 거두자, 학생들은 너무나 큰 슬픔에 토끼의 장례식을 치러 주자고 의견을 모았다. 바로 전교 어린이회가 소집되어 아폴론을 위한 만장과 근조장, 장례식장 타이틀을 꾸미고 조의문, 비문과 비석을 준비하여 교직원과 학생 임원들이 참석한 가운데 토끼 장례식을 치렀다. 슬프게 흐르는 장송곡 때문일까?

아니면 아폴론을 보고 싶은 마음 때문이었을까? 장례식이 열리던 날 교직원, 학생 모두는 흘러내리는 눈물을 주체하지 못하며 아폴론의 명복을 빌었다. 화단에 자리한 아폴론의 비석에는 '우리들이 사랑한 아폴론이 여기에 고이 잠들다'라는 비문이 새겨졌다. 이런 장례식 사례를 생명 영역의 개구리나 생쥐 해부실험 같은 데도 적용해 보면 어떨까? 교육과정 심화학습의 생물실험에서 발생할 수도 있는 동물들의 죽음에 대해 생명존중교육 차원에서 학교의 양지바른 곳에 조그만 무덤을 만들어 비문을 세우고 묵념도 해보는 체험활동을 해보자. 학교 내에 있는 동물과 식물의 생명에 대한 존중으로부터 생명존중교육을 시작하자.

그리고 더 나아가 가정불화, 우울증, 성적비관, 이성 관계, 신체결함, 질병, 학교폭력, 집단 괴롭힘 등 학생 자살의 직접적인 원인을 극복할 수 있는 청소년 단체 활동, 문화예술 활동, 동아리 활동, 학술 활동, 스포츠 활동, 각종 취미활동, 극기 훈련, 실습 노작 활동, 레크리에이션, 야영 활동, 자연환경 보호활동, 교내 및 지역사회 봉사활동, 캠페인 활동 등 평소에 건전한 인성을 기를 수 있는 체험중심의 프로그램을 운영해 보자.

사회적으로 저명한 인사나 유명 연예인의 자살이 온 세상에 충격을 안겨 주면서 베르테르 효과가 나타나기도 하고, 구제역의 전국적인 창궐로 TV 영상에 비추어졌던 무자비한 가축의 살처분·생매장 광경은 생명존중교육에 커다란 악영향을 끼쳤다. 생명존중교육은 학교뿐 아니라 범사회적인 관심과 연계체제 구축을 통해 체험중심으로 펼쳐져야 한다.

(중부일보, 2011.02.22, 화요일, 21면)

6

더불어 사는 지혜! 공존지수 높여야

몸은 건강하지만 두 눈이 보이지 않는 사람과 눈은 잘 보이지만 다리가 불편한 사람이 있었다. 보살펴 주시던 부모님이 모두 돌아가신 후에 살길이 막막했던 두 사람은 서로 도와 가며 살기로 한다. 몸이 건강한 사람이 다리가 불편한 사람을 업고 동냥해온 밥을 먹으며 새끼 꼬기, 짚신 삼기로 생활을 꾸려 간다. 점점 늘어난 솜씨로 짚공예품을 만들어 자립하게 된 두 사람은 장가도 가고 서로 가까이 살면서 행복하게 살아간다.

잘 알려진 동화의 내용에서 공존의 의미를 되새길 수 있다. 공존지수란 다른 사람과 더불어 살아가는 능력을 재는 지수이며, 과거가 IQ(지능지수)사회였다면 이제는 EQ(감성지수)를 넘어 NQ(공존지수)사회로 진입하고 있다. 인간은 혼자 살 수 없기 때문에 어느 시대나 혈연, 지연, 학연, 종교연, 직장연 등으로 연결된 사람들끼리 끈끈한 관계를 맺고 서로 밀어주고 끌어 주며 살아온 것이 사실이다. 그런데 개인의 능력보다 공동의 능력이 요구되는 미래사회는 그 어느 때보다도 공존능력이 더욱 중요시될 전망이다. 다만 과거의 혈연·지연·학연을 바탕으로 한 연줄 중심의 공존에서 벗어나 인간은 누구나 생김새, 생각, 가치관, 태도, 신념, 종교 등이 서로 다를 수 있음을 인정하고 더불어 살아가는 진정한 의미의 공존능력이 필요하다.

그러나 2009년 국제교육협의회(IEA)가 우리나라의 중학교 2학년에 해당하는 세계 학생 14만여 명을 설문 조사한 <국제 시민의식 교육연구(ICCS)> 자료를 바탕으로, 더불어 사는 능력을 의미하는 사회적 상호작용 역량 지표를 계산한 결과, 한국 청소년은 36개국 중 35위로 매우 저조하게 나타났다. 우리 청소년들이 건전한 민주시민으로 더불어 사는 삶을 영위할 수 있도록 공존지수를 높이는 것이 무엇보다 시급한 일이며, 몇 가지 방안을 제언하고자 한다.

첫째, 경쟁교육에서 협력교육으로 전환되어야 한다. 사람들이 가진 잠재능력이 다양한데도 우리는 공정이라는 이름으로 한 줄 세우기 교육을 하고 있다. 지식보다 기능, 창의성, 도덕성, 감성이 더 필요한 영역에서도 지적 능력으로 한 줄을 세워 우열을 가리고 있는 것이다. 이러한 한 줄 세우기 교육은 경쟁을 유발하여 믿음보다 불신, 평화보다 불안, 공존보다는 미움의 마음을 지니고 살아가게 만든다. 이제는 한 줄 세우기 경쟁교육에서 벗어나 타고난 잠재능력에 따른 여러 줄 세우기 교육으로 협력하며 저마다 행복한 삶을 살아갈 수 있는 길을 열어주어야 한다. 특기가 다른 김연아와 박태환이 경쟁하는 것을 보았는가? 진정한 경쟁은 친구와 하는 것이 아니라 내 자신이 지난번의 나보다 더 나아지는 것이다.

둘째, 소통과 공감의 교육이 이루어져야 한다. 서로 다른 사람들이 원만한 관계를 유지하면서 살아가기 위해 가장 필요한 것은 소통과 공감이다. 소통과 공감은 서로 다른 너와 내가 공존할 수 있는 첫걸음이다. 자기와 비슷한 사람을 만나 소통하고 공감하는 것에서 벗어나 나와 다른 사람에게도 친밀감을 느끼는 적극적인 소통과 공감의 교육이 이루어져야 한다.

셋째, 배려와 나눔의 교육이 이루어져야 한다. 더불어 살아가는 품성은 배려하고 나누는 삶 속에서 길러질 수 있다. 한 개의 촛불로 많은 초에 불을 붙여도 처음 촛불의 밝기는 약해지지 않는다. 설사 배려와 나눔의 과정에서 어려움이 수반된다 해도 그것은 행복으로 되돌아온다. 학교와 가정, 사회에서 다른 사람을 배려하고 고통을 나눌 수 있는 다양한 역지사지(易地思之) 체험교육이 이루어져야 한다.

인간은 사회적 존재이기 때문에 남과 더불어 희로애락(喜怒哀樂)을 나누고, 도움을 주고받으며 살아가야 한다. 자연생태계의 만물은 서로 다른 모습으로 조화를 이루어 아름다움을 보여준다. 우리들 또한 모습, 생각, 처지 등이 달라도 있는 그대로 서로 인정하고 다름을 틀림과 차별이 아닌 조화와 공존으로 승화시킬 때, 아름답고 행복한 사회를 만들 수 있다. 우리 아이들에게 남의 삶을 좀 더 좋게 만들어 남이 행복할 때, 자신도 더불어 행복할 수 있음을 인식하는 공존지수를 높여 주어야 한다.

(경기일보, 2013.02.04, 월요일, 22면)

7

더불어 사는 능력 키워 주어야

교육의 궁극적인 목적은 아이들에게 미래를 살아갈 수 있는 힘을 키워 주는 것이다. 많은 학자들이 미래에는 세계화, 다문화, 지구촌 시대가 온다고 전망하고 있다. 실제로 저출산의 영향으로 청소년인구가 해마다 감소하고 있는데도, 지난해 다문화가정의 학생 수는 3만 40명으로 2005년(6,121명)보다 5배가량 급증한 것으로 나타났다. 이제는 우리나라 어디를 가든 길거리에서 쉽게 외국인을 만날 수 있고, 다문화 학생 비율이 50%를 넘어선 학교도 등장하고 있어 예상보다 훨씬 빠르게 다문화 시대로 진입하고 있는 느낌이다.

이러한 다문화 시대를 살아갈 우리 청소년에게 절실하게 요구되는 것은 '더불어 사는 능력'이다. 그렇다면 한국 청소년의 '더불어 사는 능력'은 어느 정도일까? 안타깝게도 우리 청소년들의 더불어 사는 능력은 세계 최하위권으로 나타났다. 지난 3월 한국청소년정책연구원은 2009년 국제교육협의회(IEA)가 우리의 중학교 2학년에 해당하는 세계 학생 14만여 명을 설문 조사한 <국제 시민의식 교육 연구(ICCS)> 자료를 바탕으로 청소년의 사회적 상호작용 역량 지표를 계산한 결과 한국은 36개국 중 35위라고 발표했다.

'사회적 상호작용 역량'이란 다양한 이웃과 어울려 조화롭게 더불어 사는 능력을 의미하는데, 한국 청소년은 1점 만점에 0.31점을 받았고, 가장 높은 나라는 태국(0.69점)이었으며, 인도네시아(0.64), 아일랜드(0.60), 과테말라(0.59), 영국(0.53), 칠레(0.52) 등이 그 뒤를 이었다.

우리는 이 연구결과에서 앞으로 우리 교육이 지향해야 할 비전과 지표, 기본 방향을 찾아야 한다. 그리고 지금부터라도 학교교육을 통해 학생들이 사회 구성원으로서 건전한 민주시민으로 서로 도우며 더불어 사는 삶을 영위할 수 있도록 이끌어 주어야 한다. 그렇지 않으면 우리 학생들은 성별, 지역, 인종, 종교, 장애 여부를 떠나 다양한 사람들과 함께 더불어 사는 삶에 대한 능력이 현저히 부족한 채로 사회에 나갈 수밖에 없다. 그 결과 그들은 극심한 갈등과 대립 속에서 불행한 삶을 살아갈 수밖에 없고, 밝은 미래를 열어가기도 어렵다. 이런 점에서 우리 아이들에게 더불어 사는 능력을 향상시킬 수 있는 몇 가지 방안을 제언하고자 한다.

첫째, 소통하는 능력을 길러 주어야 한다. 더불어 살아가는 품성은 소통하는 공동체 안에서 길러질 수 있다. 따라서 우선 학교의 구성원인 학생, 학부모, 교직원, 지역사회인 간의 상호 소통이 원활하게 이루어질 수 있는 방안을 찾고, 그 능력을 길러 주어야 한다.

둘째, 역지사지(易地思之) 체험으로 남의 입장에서 생각하고 행동해 보는 능력을 길러 주어야 한다. 차를 타고 푸른 시골길을 달리는 여행자의 입장에서 보면 모든 것이 아름답고, 논밭에서 일하고 있는 농부의 모습도 평화롭게 보인다. 언젠가는 시골에서 농작물을 가꾸면서 한가로운 전원생활을 즐기고 싶은 욕망도 생긴다. 그러나 뙤약볕 아래서 일을 하고 있는 농부도 같은 생각을 하고 있을까? 한번 생각해 볼 일이다. 여행자와 농부의 입장은 서로 다를 수 있고, 입장이 바뀌면 생각과 행동이 바뀌는 것이 인간이다. 단 몇 시간만이라도 구슬땀을 흘리며 일을 해보는 농촌체험, 두 눈을 안대로 가리고 생활해보는 장애체험, 다문화 친구의 어려움을 함께 겪어보는 다문화체험 등에 참여하게 해보자. 실제적인 체험활동을 통해 농촌 친구, 장애 친구, 다문화 친구 등 남의 입장에서 생각하고 행동해 보는 능력을 길러 주자.

셋째, 봉사활동을 통해 다른 사람과 더불어 사는 행복감을 느끼도록 하자. 봉사활동은 처음에는 '자선 혹은 베품의 의미를 지닌 자원봉사'로 시작되었으나, 근래에는 '나눔으로써 행복을 주고받는 호혜적인 의미'로 변화되었다. 고아원, 양로원, 꽃동네 등의 봉사활동을 통해 나눔으로써 되돌아오는 행복감을 느낄 수 있도록 해주자.

경제협력개발기구(OECD)는 사회적 상호작용 역량을 세계화·다문화 시대에 적응하면서 성공적으로 살아가기 위해 필수적인 능력으로 꼽고 있다. 다양한 문화와 종교, 인종에 대한 이해와 다른 사람과의 상호작용이 핵심 능력이 된다는 것이다. 사회적 상호작용 역량이 저하될 경우 개인의 소외를 넘어 사회불안, 나아가 국가 경쟁력 저하의 원인이 될 수도 있다. 사회적 상호작용 역량은 지식교육만으로 길러지는 게 아니라 창의적 체험활동과 사회 참여활동을 통해 함양될 수 있다. 청소년들에게 더불어 사는 능력을 키워 줄 수 있도록 우리 모두의 지혜를 모아보자.

(중부일보, 2011.06.07, 화요일, 21면)

8

공감능력 길러 주어야

세계적인 미래학자 제레미 리프킨(Jeremy Rifkin, 1943~)의 ≪공감의 시대≫는 정치, 경제, 사회, 문화 등 모든 영역에서 공감능력이 힘을 발휘하는 시대가 오고 있음을 암시하고 있다. 이 책에서 공감이란, 다른 사람이 겪는 고통의 정서적 상태로 들어가 이를 자신의 고통인 것처럼 느끼는 것을 뜻한다.

비슷한 말인 동정(sympathy)이 소극적이라면, 공감(empathy)은 적극적으로 상대방을 포용해 고통을 덜어 주려는 인간 본연의 감정이다. 이러한 공감의 감성은 여성, 어린이, 노약자, 소수민족, 저소득층, 장애자 등에게까지 평등의 손을 뻗게 만들었다. 미래사회는 창의성, 집단지성, 전문성 등의 다양한 능력을 갖춘 인재를 요구하고 있으며, 이외에 공통적으로 요구되는 것이 공감능력이다. 예를 들어 의사에게는 의학에 대한 전문성이 중요하다. 그러나 이것만으로는 부족하며 환자를 이해할 수 있는 공감능력이 있어야 한다.

매일 환자로 북적이는 병원이 있었다. "환자가 많아 오래 기다려야 할 텐데, 왜 이 병원에만 오시나요?"라는 물음에 환자는 "이 병원의 의사선생님은 우리의 말을 끝까지 들어주시고 공감해 주시거든요."라고 대답했다고 한다.

방송국의 리포터는 현장의 소리를 생생하게 카메라에 담을 수 있어야 하며 인터뷰 대상자를 이해하는 공감능력이 있어야 한다. 무조건 카메라를 들이대고 인터뷰를 시도하기보다 먼저 상대의 마음을 열어 공감대를 형성하고 인터뷰를 시작하는 것이 효과적이다.

교육도 마찬가지다. 가르치기에 앞서 아이들과 공감대를 형성하고 학습동기를 유발하여 스스로 참여하는 배움 중심 수업이 전개되어야 목표를 달성할 수 있다. 이런 의미에서 '공감의 시대'를 통해 우리에게 던져진 '어떻게 하면 다음 세대에 더 좋은 세상을 물려줄 수 있을까?' 하는 질문에 응답하기 위해서는 아이들에게 공감능력을 길러 주는 것이며, 그 방안을 몇 가지 제안해 본다.

첫째, 다양한 역지사지(易地思之) 체험으로 공감능력을 기를 수 있다. 직접이든 간접이든 많은 체험을 통해 공감대를 형성하면 상대방을 이해하고 배려하며 소통할 수 있다.

둘째, 연극이나 역할극을 통해 공감능력을 기를 수 있다. 어떤 사람이 별명을 부르며 다른 사람을 무시하는 상황을 연극이나 역할극으로 꾸며 보고, 학생들에게 "어떻게 생각하니?"의 질문을 하는 것이다. "철수야, 만약 인호가 너한테 '돼지'라고 별명을 불렀다면 넌 어떤 기분이 들겠니?"와 같은 질문은 학생의 생각을 정리하게 하는 매우 효과적인 방법이 될 수 있다.

셋째, 어른들이 먼저 공감하는 모습을 보여줘야 한다. 일상생활에서 접하는 어른들의 공감하는 모습은 아이들에게 공감능력을 길러 주는 가장 좋은 기회가 된다. 아이의 말을 경청하며 "정말?", "아, 그래?", "오~", "저런" 등의 공감하는 표현으로 아이의 감정을 지지해 주자. 어른들이 자신의 감정을 경청해 줄 때 다른 사람을 향해서도 공감능력을 발휘할 수 있게 된다.

인간은 상호관계 속에서 살아가는 사회적 동물이다. 원만한 관계를 유지하면서 살아가기 위해 가장 필요한 것은 공감능력이다. 공감능력이 더불어 행복한 아름다운 세상을 향한 첫걸음이며, 세상을 바꿀 수 있다. 문제는 자기와 비슷한 사람을 만나 공감하기는 쉽지만, 나와 다른 사람을 이해하고 친밀감을 느끼는 적극적인 공감이 필요하다. 서로 다른 인간들의 삶 속에서 삶을 온전히 담아내는 교육으로 우리 아이들에게 공감능력을 길러 주어야 한다.

(경기일보, 2012.09.26, 수요일, 22면)

9

정직이 행복이고 경쟁력이다

2012년 흥사단 투명사회운동본부의 발표에 따르면 청소년 정직지수가 초·중·고등학생 각각 85점, 72점, 67점으로 나타났다. 특히 고등학생의 44%가 '10억 원이 생긴다면 1년간 감옥행도 무릅쓰겠다.'고 응답한 것은 큰 충격을 주었다. 또한 최근 한국투명성기구의 '청렴성 조사'에서도 '부자가 되는 것과 정직하게 사는 것 중 어느 것이 더 중요한가'라는 질문에 15~30세의 40.1%가 부자를 택했고, '거짓말하거나 부패한 사람과 그러지 않는 사람 중 인생에서 더 성공할 사람은?'이라는 질문에 15~30세의 51.9%가 거짓말하거나 부패한 사람을 꼽았다. 학년이 높을수록 정직지수가 낮아지고 부자를 선호하며, 거짓말하거나 부패한 사람이 오히려 성공가능성이 더 높다고 믿고 있는 것은 그동안 우리교육이 '우선 정직하라'고 가르치기보다 '무조건 유능하라'고 가르친 결과가 아닐까? 그러나 정직성이 없는 유능을 어디에 쓸 것인가 생각해 보아야 한다.

정직은 사전에 '마음에 거짓이나 꾸밈이 없이 바르고 곧

음'이라고 정의되어 있다. 옛날이야기는 거의 권선징악과 해피엔딩으로 '착하고 정직한 사람이 잘 먹고 잘 살았다'고 끝을 맺었고, 이를 굳게 믿었다. 그러나 요즘은 '정직한 사람은 어리석고, 법을 지키며 착하게 살면 손해 본다. 또는 정직해서는 험한 세상을 살 수 없다'는 정직불감증을 앓는 사람들이 많아지고 있다. 방향성을 잃은 우리사회를 바로 세우기 위해 시급한 것은 정직교육을 강화하여 정직이 곧 행복이고 경쟁력이라는 믿음을 심어주어야 한다.

먼저, 정직하면 행복해지고, 정직한 사회가 행복한 사회라는 믿음을 심어주어야 한다. 영국 속담에 '평생을 행복하게 지내려면 정직해라'라는 말이 있는 것처럼, 행복을 위해서는 정직에 대한 깨달음과 정직해지기 위한 노력이 있어야 한다. 정직은 영원불멸의 가치이고, 우리가 이 가치를 추구할 때 행복해지고 잘 살 수 있는 것이지, 행복을 추구한다고 진정으로 행복해지는 것이 아니다.

다음은, 정직이 곧 신뢰, 신용, 경쟁력이라는 믿음을 심어주어야 한다. 신뢰와 신용은 하루아침에 생기는 것이 아니라 정직함이 쌓이고 인정될 때 가능하다. 신용이 자본이란 말은 정직이 자본이라는 말과 같으며, 정직이 자라서 신뢰, 신용, 경쟁력의 열매를 맺는다. 공기나 물이 인간의 신체적 생존조건이라면, 정직은 사회적 생존조건이라고 할 수 있다.

마지막으로, 우리 어른들이 솔선수범하여 정직한 사람은 결국 성공한다는 믿음을 심어주어야 한다. 아이들은 어른의 거울이고 자화상이며, 청소년 문제의 근원은 대부분 어른들이다. 청소년들이 왜 문제를 안게 되었는가를 묻기 전에 어른들 스스로 어떤 문제를 가지고 있는가를 먼저 반성해야 한다. 어찌 보면 10억 원이 생긴다면 1년간 감옥행도 무릅쓰겠다는 것은 고등학생들이 아니라 우리 어른들의 모습인지도 모른다. 미국의 작가 잭슨 브라운은 "잘 사는 삶이란 자식들이 정직, 공정, 배려를 생각할 때 당신을 떠올리는 삶"이라고 했다. 학생들이 자신을 본받게 될 것이라는 생각으로 어른들이 정직한 삶의 모습을 보여주어야 한다. 타인에게는 물론 자기 자신에게도 정직한 사람의 모습은 항상 당당하며 세상에서 가장 아름다운 모습이다.

정직에 기초한 사회의 신뢰지수가 높을수록 사회적 비용이 줄어들지만, 반대로 이 신뢰지수가 낮을수록 사회적 비용은 증가하며, 이런 현상은 국가도 마찬가지다. 아무리 유능하더라도 정직성을 잃은 개인, 사회, 국가는 결코 행복할 수 없고 경쟁력도 없다. 정직교육을 통해 행복한 사람, 신뢰받는 사람으로 키우는 일이 개인뿐만 아니라 사회와 국가를 위해서도 꼭 해야 할 일이다.

10

갈등관리능력 길러 주어야

갈등(葛藤)이란 칡(葛)과 등나무(藤)가 서로 복잡하게 얽혀 자라는 데서 유래한 말이며, 생태계에서 칡과 등나무가 모두 필요한 것처럼 사회가 발전하기 위해서 갈등은 필연적 존재이다. 오히려 갈등이 없으면 사회는 퇴보하거나 획일화될 수도 있다. 문제는 '갈등' 자체가 아니라 '갈등관리능력'에 있으며, 갈등이 적정수준을 넘어서 심각한 상태에 이르렀는데도 이를 관리하는 능력이 부족하면 사회에 커다란 위협으로 작용할 수 있다.

우리나라에도 지역갈등, 남북갈등, 이념갈등, 세대갈등, 계층갈등, 빈부갈등, 노사갈등, 종교갈등, 다문화갈등 등이 존재하고, 이러한 갈등들이 시간이 지나면서 해결 기미를 보이기는커녕 점점 심화되고 있으며, 언젠가는 이루어질 통일과 함께 더 큰 갈등이 예상되어 미래를 불확실하게 하고 있다.

실제로 대한한국은 경제협력개발기구(OECD) 회원국 가운데 4번째로 갈등지수가 높고, 국내총생산(GDP)의 27%인 약 300조 원을 사회갈등비용으로 지불하고 있다고 발표된 바 있다. 이 금액이라면 만 0-4세 보육료를 60년 동안 사용할 수 있고, 전국 4년제 국립대 무상교육을 80년 동안 실시할 수 있으며, 고교 무상교육을 150년 동안 가능하게 한다고 한다. 국가경쟁력 강화나 국민 복지를 위해 쓰여야 할 예산이 내부의 사회갈등으로 낭비되고 있는 것이다. 전문가들은 사회갈등지수가 10% 하락하면 1인당 GDP가 7.1% 증가하는 효과가 있고, 사회갈등비용의 낭비만 줄이더라도 국민소득 2만 달러 이상의 시대가 빨리 다가올 것이라고 지적하고 있다.

지금부터라도 갈등을 효과적으로 예방하고 합리적으로 해결하려는 노력과 함께 우리 아이들에게 '갈등관리능력'을 길러 주는 교육이 이루어져야 하며, 그 방안을 몇 가지 제시해 본다.

첫째, 소통이 이루어져야 한다. 혈액순환이 되지 않으면 몸이 아픈 것처럼, 어느 사회나 소통이 잘되지 않으면 갈등이 생기게 된다. 학교구성원 간에도 소통이 원활치 못하면 갈등이 생기게 마련이다. 갈등을 예방하고 치유하기 위해서는 학생과 학생, 학생과 학부모, 학생과 교사, 교사와 학부모, 학교와 지역사회 등 교육공동체 간에 원활한 소통이 이루어져야 한다.

둘째, 토론문화를 꽃 피워야 한다. 이를 위해 토론중심 수업, 학급자치회, 학교자치법정 등을 활성화하여 내 의견이 소중한 만큼 상대의 의견도 존중하는 태도를 길러 주어야 한다. 반대의견도 듣고 서로 의견을 나누며 타협하는 성숙된 토론문화가 정착되어야 한다.

셋째, 신뢰문화를 구축해야 한다. 빠르게 산업화와 민주화를 성취한 우리 사회는 아직도 저(底)신뢰 사회로서의 특징을 안고 있으며, 이를 고(高)신뢰 사회로 바꾸어야 한다. 서로를 믿고 양보하며 타협을 존중하는 선진화된 민주 시민의식을 기초로 어울림의 사회로 나아갈 수 있도록 지혜를 모아야 한다.

많은 사람들이 다양한 가치와 목표를 가지고 살아가는 다원화된 사회에서 갈등은 일상적인 일처럼 늘 존재할 수밖에 없다. 돌이켜 보면 우리나라가 세계경제 11위국, 수출 7대국으로 신속하게 발전하는 과정에서 정치나 제도나 교육이나 관습이 하나 되는 과정을 거치지 못했다. 결국 오늘날 겪고 있는 갈등은 이러한 압축 성장에서 거치지 못했던 과정을 겪어 나가는 과정이라고 긍정적으로 생각하면 갈등해결이 더 쉬울 수도 있다.

독일의 철학자 헤겔(Georg Wilhelm Friedrich Hegel, 1770~1831)은 갈등도 변증법적으로 해석해 "기존의 틀과 제도에 저항하는 세력이 나오면 이 두 세력의 충돌이 다시 하나로 뭉쳐 새로운 세계를 열어가게 되므로 갈등은 미래를 향한 몸부림"이라고 했다. 우리는 갈등(葛藤)에서 상처만 입을 것이 아니라 순기능도 찾아야 하며, 한쪽이 이기면 다른 쪽은 패하는 것이 아니라 갈등을 서로 극복해서 제3의 발전을 이룩할 수 있다는 긍정적인 생각을 가져야 한다. 소통과 토론으로 신뢰문화를 구축하는 교육을 통해 우리 아이들에게 갈등관리능력을 길러 주어야 한다.

(경기일보, 2013.01.01, 화요일, 22면)

11

시간관리능력 길러 주어야

한 손님이 서점에 들어와 책 한 권을 골라 들고, 정가가 표시되어 있는데도 불구하고 값을 물었다. 주인이 "1불입니다."라고 대답하자 손님이 또 말했다. "좀 싸게 살 수 없을까요?" 주인이 다시 대답했다. "그러면 1불 15센트입니다." "아니 깎자는데 더 달라는 법이 어디 있습니까?" 주인은 빙그레 웃으면서 이렇게 말했다. "이제는 그 책값이 1불 50센트입니다." 손님이 깎아 달라고 할 때마다 책값은 더 올라갔다. 손님이 화를 내자 주인은 "시간은 돈보다 귀한 것입니다. 책값은 1불인데 쓸데없는 말을 자꾸 해서 내 시간을 빼앗았으니, 그 책값은 이제 비쌀 수밖에 없습니다."라고 말했다.

시간은 돈보다 더 귀함을 일깨워 주는 예화이다. 인간의 삶은 시간과 공간상에 위치해 있으나 시간보다는 공간에 더 큰 관심을 가지고 살아간다. 공간에 해당되는 땅은 개인에게 재산 목록 1호이고, 국가로서는 성립요건이면서 더 넓은 땅을 차지하기 위해 전쟁이 발발하기도 한다. 아마도 공간은 눈에 보이지만 시간은 보이지 않기 때문일 것이다. 그러나 눈에 보이지 않는 시간에 대하여 관심을 갖는 것은 돈이나 땅의 소유 이상으로 중요하다. 돈이나 땅은 노력해서 다시 소유할 수 있지만, 한번 지나간 시간을 되돌릴 수는 없다. 이런 까닭에 시간을 아껴야 하며, 이는 저축한다는 뜻이 아니라 함부로 쓰지 않음을 의미한다. 매일 아침 86,400원을 입금해 주는 은행이 있는데, 하루가 지나면 잔액이 남지 않고 사라진다고 할 때 어떻게 하겠는가? 당연히 그날 모두 찾아서 사용할 것이다. 시간은 우리에게 마치 이런 은행과도 같다. 우리는 매일 86,400초를 부여받지만 하루 동안 좋은 목적으로 사용하지 못하면 그냥 없어져 버린다. 더 많이 사용할 수도 없고 남지도 않는다. 시간은 순식간에 사라지기 때문에 모으기 보다는 좋은 일에 사용해야 한다.

막연히 빨리 어른이 되고 싶고, 시간이 빨리 지나가기를 바라는 우리 아이들에게 시간관리능력을 길러 주어야 한다.

첫째, 목표를 설정하도록 해야 한다. 시간관리는 무엇을 위해, 해야 할 것이 무엇인지를 정하는 것에서부터 시작된다. 시간관리를 위해 단순히 해야 할 공부와 일들을 나열하는 식이 아닌, 목표를 먼저 설정한 후 그 목표를 가장 효과적으로 이루기 위해 먼저 해야 할 것이 무엇인가를 정하는 것이 중요하다.

둘째, 스스로 학습 계획을 세우도록 해야 한다. 국내의 한 대학교에서 전국 초·중·고 학생의 학습 계획 여부에 대해 조사한 결과 초등학생의 93%, 중·고등학생의 81%가 스스로 계획을 세우지 않고 학습하고 있는 것으로 나타났다. 학교에서의 공동학습 이외에 개인의 학습을 위해 학생 스스로가 계획을 세우도록 해야 한다. 스스로 세운 계획이 아이에게 책임감을 느끼게 할 수 있다.

셋째, 계획을 실천하도록 도와주어야 한다. 많은 아이들이 '계획 세우기'에 비해 '실천하기'를 못하는 경우가 많다. 시간관리능력은 계획을 세우는 능력뿐만 아니라 실행하고 점검하는 능력까지 포함된다. 아무리 거창한 계획을 세워 놓았다 하더라도 그것을 실행에 옮기지 않으면 아무 의미가 없다. 따라서 아이가 만든 계획의 실행 가능성을 판단한 후에 그것을 잘 실천할 수 있도록 도와주어야 한다.

넷째, 자투리 시간 활용을 습관화하도록 해야 한다. 자기주도 학습에서 중요한 부분이 바로 시간관리능력이며, 자투리 시간 활용을 습관화하면 자기주도 학습 습관도 자연스럽게 완성될 수 있다. 미리 '이 시간에 어떤 공부를 할지'를 계획 세워 자투리 시간을 제대로 활용하도록 도와주어야 한다.

인간은 시간을 의식하고 계획적으로 사용하는 유일한 존재이며, 시간은 삶의 질을 좌우하는 가장 중요한 요소이다. 열차를 놓친 사람의 입장에서 1분의 소중함을, 아찔한 사고를 순간적으로 피한 사람의 입장에서 1초의 소중함을, 아깝게 은메달에 머문 육상선수의 입장에서 1,000분의 1초의 소중함을 깨달아야 한다. 우리 아이들에게 시간을 헛되이 소비하지 않고 소중하게 활용하는 시간관리능력을 길러 주어야 한다.

(중부일보, 2012.03.19, 월요일, 20면)

12

친절교육으로 환대점수 높여야

세계경제포럼(WEF)의 발표에 따르면 우리나라는 관광 경쟁력에서는 25위로 상위권이지만, 외국관광객을 맞는 표정이나 친절함을 종합 평가하는 환대점수는 2009년 115위, 2011년 125위, 2013년 129위로 최하위권에서 점점 뒷걸음질치고 있다. 환대점수가 낮다 보니 외국관광객 재방문율은 같은 아시아권인 싱가포르, 홍콩보다 매우 낮다고 한다. 퉁명스런 불친절이 환대점수와 재방문율을 떨어뜨리고 있는 것이다. 환대점수는 개인이나 사회, 국가의 발전에 매우 중요하다. 예를 들어 개인이 운영하는 가게를 찾은 손님들이 종업원의 표정이나 불친절에 불만을 느껴 다시는 이 가게에 오지 않는다면 그 가게는 번창할 수 없다. 이것은 사회나 국가의 경우도 마찬가지다.

환대점수를 높이는 핵심은 친절이다. 친절은 어릴 때부터 교육과 체험을 통해 터득하고 자연스럽게 몸에 배게 함으로써 생활화되어 우리의 국민성으로 정착되어야 한다. 친절하려면 미소가 있어야 하고 상대를 배려해야 하며, 습관화되어야 한다.

먼저, 표정에 미소가 있어야 한다. 내가 웃어야 거울속의 나도 웃는 것처럼, 내가 웃어야 다른 사람도 웃는다. "어린이에게 미소부터 가르쳐라."고 한 니체(Friedrich Wilhelm Nietzsche, 1844~1900)의 말처럼, 어른들의 웃음으로 아이들에게 미소를 가르쳐야 한다.

다음은, 상대를 배려하여야 한다. 친절은 상대를 배려할 줄 아는 데서 출발한다. 역지사지(易地思之)의 마음으로 보살피고 도와주는 태도를 길러 주어야 한다.

마지막으로, 친절은 구호가 아니라 행동으로 실천하여 습관화되어야 한다. 작고 사소한 일부터 정성껏 실천하는 습관을 길러 주어야 한다.

친절은 동서고금을 막론하고 아무리 강조해도 지나침이 없는 중요한 덕목이다. 그만큼 우리들의 일상생활과 밀접한 관계가 있고 삶의 촉매제 역할을 한다. 사회구성원으로서 갖추어야 할 첫째 기본기가 친절이다. 친절교육으로 환대점수를 높여야 행복한 사회, 행복한 대한민국으로 거듭날 수 있다.

13 어느 장학사의 인사장

지방과 광역의 자치단체장과 자치의회 의원 선거에 뜻을 둔 사람들의 막바지 선거 운동으로 거리가 뜨겁게 달아오르고 있다. 추천을 받지 못한 이는 부당한 이유를 들어 그처럼 신봉하던 당을 한순간에 팽개치고 무소속으로 출마한 것을 보면 정치의 매력이 대단한가 보다.

단체장과 의원직은 벼슬이다. 그런데 그 벼슬을 하기 위해 나오는 사람은 하는 말이 있다. 지역을 위하여 주민을 위해 이 한 몸 바쳐 봉사와 헌신을 하겠다고. 명예와 권력을 얻고 합당한 보수를 받는 그 좋은 벼슬자리를 봉사와 헌신하는 자리로 믿어 주는 사람이 단 한 사람이라도 있을까? 머슴이 되고 심부름꾼이 되겠다고 공약한 사람이 당선되고 나서는 군림하는 자세로 돌변한 예를 우리는 간혹 보아 왔지 않았던가. 이 글이 나올 때는 이미 당락이 확정되어 당사자들은 희비가 엇갈려 있을 것이다. 불현듯 이러한 시기에 며칠 전에 받은 어느 장학사의 인사장이 생각남은 어인 일인가? 그는 겸손과 성실함이 몸에 배어 있고 언행이 일치하여 지역 장학사로 근무할 때 교원들의 찬사를 받았었다. 그런 그가 교감으로 승진하였다가 다시 도교육청의 장학사로 발탁되어 갔는데 축하해 주어 고맙다는 감사 인사장과 함께 늘 아래와 같이 기도한다고 하였다.

"저로 하여금 이 세상 하고 많은 일 가운데 교직을 택하게 한 지혜를 주시어 감사하나이다. 그 중에서도 교육전문직에서 일하게 하여 주시어 더욱 감사하나이다. 저로 하여금 학생이 있고 교사가 있기에 제가 있을 수 있다는 것을 잠시라도 잊지 않게 하여 주셔서 그들에게 항상 겸손과 친절로 대하도록 하여 주시옵소서. 지시나 명령으로 군림하는 자가 아니라 언제 어디서나 친절한 봉사자가 되게 하여 주시옵소서. 저로 하여금 장학사라 하여 교사에 대하여 특권이 있는 것으로 착각하지 않게 하여주시고 장학사의 자리를 이용하여 교사들에게 저의 의견을 무리하게 주장하지 않게 하여 주시옵소서.

장학사의 임무는 교사들이 학생의 존귀한 영혼을 기르는 역할을 뒤에서 거들어 주는 협조자요, 동반자요, 친절한 벗임을 잊지 않게 하여 주시옵소서. 저로 하여금 제가 함께 일하고 있는 교사들이야말로 찬란한 영예나 높은 권좌나 뭇사람의 찬사나 물질적 풍요를 탐하지 않고, 오로지 국가의 발전과 민족의 번영을 위해서, 아니 인류의 무궁한 발전을 위해서 지극히 험난하고 외로운 고행 길을 걷고 있는 이들임을 거듭 깨닫게 하여 주시고, 그럼으로써 저는 항상 교사들을 아끼고 소중히 하며 올바르게 밀어줄 막중한 책무가 있음을 깨닫게 하여 주시옵소서.

저에게 용기를 주시어 장학사의 일을 능히 수행할 수 있도록 하여 주시고, 저로 하여금 긍지를 느낄 수 있는 장학사가 되게 하여 주시어 끝내는 후회 없는 스승이 되게 하여 주시옵소서."

(군포시민신문 김용대 교장의 교육에세이. 김용대 교장은 수원대학교 교육대학원을 졸업하고 한국수필로 등단했다. 한국 문인협회 회원, 한국수필 회원으로 활동하고 있으며, 군포옥천초등학교장을 역임했다.)

정종민 장학사님, 오랜만입니다.

간혹 떠올리고는 하는데 지난번 인사장을 받고 감명이 커 저의 졸작에 인용하였습니다. 이해 바랍니다. 군포시민신문의 교육에세이란에 지난 3월부터 1년간 계약하고 2주에 한 번씩 쓰고 있거든요. 늘 한결같은 장학사님이 되십시오.

2006. 6. 7.

金容大 드림

제2부

행복한 학교, 행복한 교육

이 세상 모든 사람들의 공통된 소망이자 궁극적인 목표는 행복입니다. 그런데 인간 사회에서 나 혼자만의 행복은 존재하지 않고, 존재할 수도 없습니다. 더불어 살아가는 행복이 진정한 행복입니다. 남의 삶을 좀 더 좋게 만들어 남이 행복할 때, 자신도 더불어 행복할 수 있습니다.

가족의 마음과 마음이 이어진 가정에 행복이 깃들듯이, 꿈이 있고 마음이 모인 교육공동체가 행복한 학교, 행복한 교육을 꽃 피울 수 있으며, 밝은 미래를 열어 갈 창의적인 인재를 길러 낼 수 있습니다.

14 꿈을 가진 교육공동체로 거듭나자

쥐 한 마리를 도저히 빠져나갈 수 없는 큰 물통에 넣고 빛을 차단한 뒤, 쥐가 헤엄을 포기할 때까지 걸리는 시간을 측정한 결과 3분이 약간 넘었다고 한다. 그런데 똑같은 실험을 하면서 이번에는 물통에 한 줄기 강한 빛을 비추자, 쥐는 놀랍게도 36시간 이상을 헤엄쳤다고 한다. 빛을 보지 못한 쥐보다 무려 700배나 오래 버틴 셈이다. 그 이유가 뭐였을까? 아마도 빛을 보지 못한 쥐는 아무런 꿈과 희망이 없었기 때문이라고 생각된다. 사방이 온통 어둠뿐이니 계속 헤엄칠 이유가 전혀 없었을 것이다.

쥐뿐만 아니라 인간에 있어서도 꿈과 희망은 그 사람의 태도와 삶의 의지에 커다란 영향을 미친다. 인간은 미래전망이 차단되어 아무런 꿈과 희망이 없을 경우에는 의욕을 잃고 책임과 의무를 소홀히 하게 되며, 갈등과 좌절을 경험하게 된다. 반면에 자신의 생을 분명한 미래전망 속에서 구조화할 수 있는 꿈을 가진 사람은 긍정적인 사고와 행동으로 사회생활을 영위할 가능성이 높다. 이처럼 꿈은 인간의 사고와 행동에 중요한 영향을 미치며, 한 개인의 성공적인 삶뿐만 아니라 국가 및 인류사회의 발전을 위해서도 매우 중요하다.

이런 점에서 많은 학교에서 추구하는 학생상을 '꿈을 키우는 학생', '꿈을 가지고 창조하는 학생', '꿈을 이루는 학생', '꿈을 지니고 스스로 가꾸는 학생' 등으로 정하고, 꿈 교육에 심혈을 기울이고 있는 것은 매우 바람직한 일이라고 생각된다. 하지만 아직은 구체적이고 세부적인 방법론이 미흡한 실정이며, 그 실천 방안을 몇 가지 제언해 보고자 한다.

첫째, 위인전을 많이 읽히고 다양한 문화체험활동을 통해 존경하며 본받고 싶은 롤 모델을 정하도록 도와주자. 이 과정에서 아이들의 꿈이나 롤 모델이 자주 바뀔 수는 있다. 뉴턴 전기를 읽을 때는 과학자가 되고 싶고, 미술전시회를 다녀오면 화가가 되고 싶기도 할 것이다. 그러나 이런 현상이 반복되면서 아이들은 확실한 자기의 꿈을 가지게 되고, 그 꿈을 이루기 위해 노력하게 될 것이다.

둘째, 정기적으로 꿈 발표회를 개최해 보자. 학생 각자가 가지고 있는 큰 꿈과 그 꿈을 이루기 위한 1년, 5년, 10년의 실천 계획을 구체적으로 세워 발표해 보자. 이런 활동을 통해 아이들은 큰 꿈을 이루기 위해 올해 안에 해야 할 일과 초등학교, 중학교, 고등학교 때 단계별로 해야 할 일을 인식하게 될 것이다.

셋째, 학생의 꿈을 이룰 수 있는 진로교육과 연계한 맞춤형 교육과정을 편성하여 운영해 보자. 학생 개개인의 꿈이 존중되는 학급 교육과정을 편성하고, 개별화된 배움의 기회가 보장되도록 운영해 보자.

넷째, 친구들이 약점을 부각시켜 부르는 별명 대신, 학생 자신이 자기의 꿈과 관련된 별명을 지어 발표해 보고 다 함께 불러 주자. 졸업 앨범에도 먼 훗날 꿈을 이루었을 때의 호칭을 기록해 주자. 자기 암시에 의해 자신을 다스리고, 꿈을 이룰 수 있도록 도와주자.

다섯째, 성취의 단계마다 칭찬하고 격려해 주자. "역시! 너는 그 방면에 뛰어난 재능이 있어. 노력하면 틀림없이 훌륭한 사람이 될 거야."라는 선생님의 칭찬 한 마디가 세계적인 과학자, 예술가, 운동선수를 탄생시킬 수 있다.

그리고 한발 더 나아가자. 흔히 꿈을 이야기할 때는 학생의 꿈을 지칭하는 경우가 많다. 하지만 학생의 꿈 못지않게 더 중요한 것은 학생을 직·간접적으로 가르치고 있는 교육공동체의 꿈이다.

어떤 사람이 부지런히 벽돌을 쌓고 있는 세 명의 벽돌공에게 "지금 무엇을 하고 있습니까?"라고 물었다. 그러자 첫 번째 벽돌공은 "벽돌을 쌓고 있어요.", 두 번째 벽돌공은 "시간당 9달러 30센트짜리 일을 하고 있어요.", 세 번째 벽돌공은 "나는 지금 세계 최대의 성당을 짓고 있어요."라고 대답했다고 한다.

만약 학생들과 같이 생활하고 있는 교육공동체 구성원의 한 사람으로서 벽돌공과 똑같은 "지금 무엇을 하고 있습니까?"라는 질문을 받는다면 우리는 과연 어떤 대답을 할 수 있을까? 가슴에 손을 얹고 생각해 볼 일이다. 교육공동체가 꿈을 갖지 못하면 아이들에게 꿈을 심어주기도,

꿈을 키워 주기도 어렵다.

교육공동체 모두가 꿈을 가질 때 우리 아이들에게 밝은 미래를 열어 줄 수 있다. 아이들에게 꿈을 갖고 미래를 개척할 힘을 길러 줄 수 있도록, 꿈을 가진 교육공동체로 거듭나 보자. 꿈은 이루어진다.

(중부일보, 2011.05.11, 수요일, 21면)

15

'행복 교육'을 시작하자

한국보건사회연구원은 지난해 10월 경제협력개발기구(OECD)의 국가행복지수를 이용해 세계 주요 30개국의 행복지수 분석 결과를 발표했다. 이중 한국은 1점 만점에 0.475점으로 30개국 중 25위로 나타났다. 또 지난 5월 한국방정환재단과 연세대 사회발전연구소가 전국 초등학교 4학년부터 고등학교 3학년까지의 학생 5천437명을 대상으로 '2010 한국 어린이 청소년 행복지수'에 대해 설문 조사하여 발표한 자료에서도 우리나라는 65.1점으로 OECD 국가 평균 100점에 크게 못 미치며 꼴찌를 차지했다.

세부 항목 중 '삶에 만족하는가'라는 질문에서도 한국 어린이와 청소년의 53.9%만이 '그렇다'고 답해 역시 OECD 국가 중 최하위였다. 이는 만족도가 가장 높은 네덜란드의 94.2%보다 무려 40.3% 낮고, OECD 평균보다도 30.9% 떨어지는 수치다.

우리나라는 온갖 어려움을 무릅쓰고 눈부신 경제성장을 이룩해 세계 15위 경제대국, 세계 12위 무역대국의 위상을 떨치고 있다. 이에 비해 국가행복지수는 30개국 중 25위, 어린이·청소년 행복지수 26개국 중 최하위라는 매우 초라한 성적은 우리 교육에 시사하는 바가 크다.

이 세상에 존재하는 모든 사람들의 공통된 소망은 행복일 것이다. 이렇게 모든 인류가 행복을 최고의 가치로 여기고 있다면 요즘 강조되고 있는 창의성 교육, 인성 교육 못지않게 '행복 교육'에도 관심을 기울여야 한다고 생각한다.

행복이란 단어를 국어사전에서 찾아보면 '사람이 생활 속에서 기쁘고 즐겁고 만족을 느끼는 상태에 있는 것'이라고 풀이되어 있다.

그런데 문제는 이 기쁘고 즐겁고 만족을 느끼는 상태가 사람마다 모두 다르고, 일정한 기준이 없다는 것이다. 결국 행복은 마음먹기에 달렸다고 말할 수밖에 없다.

행복도 교육이 필요하다고 생각한다. 이러한 행복 교육을 학교에서부터 시작하자고 제언하면서 학교장으로서 학교에서 실천 가능한 몇 가지 방안을 제시해 본다. 학교는 학생, 학부모, 교직원으로 구성된다. 따라서 학생, 학부모, 교직원이 행복하면 교육공동체 모두가 행복한 학교가 될 수 있다.

학생이 행복한 학교를 만들기 위해서는 학생 중심으로 교육활동을 전개해야 한다. 이를 위해 전교 어린이회장 선출 및 취임식 전 과정을 어린이 선거관리위원회에서 진행하기, 학생의 선택권이 존중된 다양한 방과후학교 운영하기, 각종 행사를 어린이회에서 주관해 사회·인사말·감사패 전달을 어린이가 해보기, 봉사활동하기 등을 학생 중심으로 자율적으로 할 수 있도록 지도하고 적극 지원해 주어야 한다.

그리고 학부모가 행복한 학교를 만들려면 학부모에게 참여 기회를 많이 주어야 한다. 예로 정기적인 학부모 모니터링, 자원봉사활동 전개, 장한 어버이 상 시상 및 어버이날 기념 효 체험 활동, 학부모의 부담을 덜어 주는 사교육 없는 학교 운영, 취미활동이나 자격증을 취득할 수 있는 평생교육 실시, 사랑의 우체통을 통한 학교와의 소통 기회 제공 등을 들 수 있다.

마지막으로 행복한 학교를 위해서는 교직원의 자율성을 존중해야 한다. 교직원 동호회 활동을 통한 전시 및 공연, 각종 전시관·박물관·공연장을 관람할 수 있는 문화체험 활동, 체육활동 등에 교직원의 자율성을 최대한 존중해 주고, 교육활동에서 보람을 느낄 수 있도록 해줘야 한다.

학교는 학생들의 행복한 삶을 열어주기 위해 교직원이 사랑으로 교육활동을 펼치는 곳이며 여기에 학부모가 즐거운 마음으로 동참해야 한다. 하루빨리 '행복 교육'을 시작하여 교육공동체 모두가 행복한 학교를 만들고, 이 행복 바이러스가 온 누리에 전파될 수 있었으면 좋겠다.

(경기일보, 2010.06.30, 수요일, 18면)

16

행복한 학교, 행복한 교육

2012년 경제협력개발기구(OECD)에서 발표한 행복지수에 따르면 우리나라는 36개국 중 24위에 머물렀고, 이내찬 한성대 교수의 논문 'OECD 국가 삶의 질 구조에 관한 연구'에 나타난 한국의 삶의 질 순위는 34개 회원국 중 32위다. 또한 한국방정환재단과 연세대 사회발전연구소가 공동 조사한 '2012 한국 어린이·청소년 행복지수 국제 비교'에서도 우리나라의 청소년 행복지수는 OECD 국가 중 최하위로 나타나 2009년 이래 4년 연속 꼴찌를 기록했다. 이렇게 초라한 행복지수 순위는 우리 교육에도 시사하는 바가 크다.

행복은 이 세상 모든 사람들의 공통된 소망이자 궁극적인 목표이다. 우리가 하루하루를 열심히 살아가는 이유도 행복을 찾기 위해서다. 따라서 교육은 돈, 명예, 성공을 위한 수단이 아닌 누구나 더 행복하기 위한 하나의 과정이 되어야 한다. 그런데 교육부가 전국 초·중·고 학생 2만5천여 명을 대상으로 실시한 '2012 학교 진로교육 지표조사'에서 '인생에서 추구하고 싶은 것이 무엇이냐?'는 질문에 52.5%의 학생이 돈을 선택했다. 이것이 우리 교육의 현주소이다. 이제부터라도 교육의 틀이 바뀌어야 한다. 행복을 느끼게 해주고, 가르쳐 주고, 지속시켜 주는 교육이 이루어져야 한다.

먼저 행복을 느끼게 해주는 교육이 이루어져야 한다. 행복의 사전적 정의는 '생활에서 만족과 기쁨을 느껴 흐뭇한 상태'이다. 그런데 만족과 기쁨을 느끼는 기준이 사람마다 다르기 때문에 우리는 각자의 마음으로 행복을 느껴야 한다. 앞을 보지 못하는 사람은 볼 수만 있다면 행복하겠다고 생각하고, 다리가 불편한 사람은 걸을 수만 있다면 행복하겠다고 생각할 것이다. 그런데 앞을 보고 걸을 수 있는 것뿐 아니라 그 보다 훨씬 더 많은 것을 소유한 우리 아이들은 행복하지 않다고 느끼고 있는 것이다. 가지고 있던 것을 잃고 나서야 그 땐 행복했었다고 후회하는 것은 의미가 없다. 지금 가지고 있는 사소한 것들에서 행복을 느낄 수 있는 마음을 길러 주어야 한다. 로마의 철학자 세네카(Lucius Annaeus Seneca, BC 4경~AD 65)가 "만일 당신이 현재 소유하고 있는 것에 만족하지 못한다면, 온 세상을 모두 소유하더라도 행복해질 수 없을 것"이라고 말한 것처럼, 지금 현재의 내가 얼마나 행복한 사람인지를 느끼게 하는 교육이 필요하다. 밖에 있는 것과 비교하기보다는 내 안의 가치를 살펴 행복을 느끼도록 해주어야 한다.

다음은 행복을 가르쳐 주는 교육이 이루어져야 한다. 독일에서는 정규 교과 과정 가운데 국어와 영어, 수학이 아닌 행복을 배우는 수업시간이 있다고 한다. 행복은 모든 인류가 추구하는 최고의 가치이다. 따라서 그 동안 학교에서 중요시해 왔던 창의성 교육, 인성 교육처럼 '행복 교육'에도 관심을 기울여야 한다. '행복 교육'이 이루어지기 위해서는 학생은 배움의 즐거움을 느끼고, 교사는 자긍심을 갖고 가르치는 일에 전념할 수 있는 환경을 조성해 주어야 한다.

마지막으로 행복을 지속시켜 주는 교육이 이루어져야 한다. 행복연구가 게마허(Ernst Gehmacher)는 '좋은 행복은 지속 가능한 행복'이라고 했다. 좋은 행복은 가족, 친구, 이웃, 학교, 사회 등 주변 사람들과 더불어 기쁨을 느끼는 지속 가능한 행복이다. 이를 위해 우리 아이들이 자신의 행복뿐만 아니라 타인의 행복에도 관심을 갖도록 학교문화를 나눔과 배려, 공감과 소통, 대화와 협력, 참여와 자치로 바꿔 주어야 한다.

국민행복지수가 높은 국가로 알려진 부탄은 오래전부터 GDP(국내총생산)가 아닌 'GNH(Gross National Happiness, 국민총행복)'를 국가 통치의 최우선 기준으로 삼고 있다고 한다. 경제적으로는 선진국에 진입했지만 행복지수는 하위권인 우리나라도 경제성장 등 물질적인 지표에만 치중할 것이 아니라 행복지수를 개발하여 국민이 진정한 행복을 느낄 수 있도록 관리해야 할 것이다. 행복한 학교, 행복한 교육은 그 출발점이다. 오늘의 학교 모습이 미래의 사회 모습, 국가의 모습이기 때문이다.

(경기일보, 2013.03.08, 금요일, 22면)

17

학교가 불빛을 밝혀 주어야 한다

오늘날의 학교가 무엇을 어떻게 하여야 하는지를 해학적으로 암시하는 '칼 브렌틴'이라는 광대 이야기가 있다.

무대에 막이 오른다. 희미한 가로등이 쓸쓸히 서 있다. 무대에 등장한 주인공의 얼굴은 수심으로 가득 차 있다. 그는 이리저리 살피며 열심히, 그리고 분주히 무엇인가를 찾고 있다. 그러나 끝내 찾지 못한다. 곧이어 경찰이 나와 무엇을 잃었느냐고 묻는다. 주인공은 자기 집 열쇠를 잃었다고 대꾸한다. 두 사람은 잃어버렸다는 열쇠를 열심히 찾는다. 그러나 열쇠는 끝내 찾아내지 못한다. 너무나 이상하게 여긴 그 경찰은 다시 한 번 주인공을 향해 묻는다.

"분명히 여기서 열쇠를 잃었나요?"

주인공은 어두운 구석을 가리키며 퉁명스럽게 대답한다.

"아니요, 저쪽에서 잃었습니다."

"그럼 왜 여기서 열쇠를 찾고 있나요?"

다그치는 그 경찰관의 질문에 주인공은 이렇게 쏘아 버린다.

"저쪽에는 불빛이 없잖아요?"

인간은 본래 각기 다른 재능과 기질을 가지고 태어난다. 학교는 교육을 통해 인간의 잠재능력을 최대한 발현시켜야 하는 책무성을 가지고 있다. 그러나 학교 교육 이외 다양한 학습욕구를 사교육이 흡수함으로써 사교육 기회의 불평등이 교육 격차를 초래하고 있는 것이 오늘의 현실이다. 교육과학기술부가 조사한 2009년 사교육비 지출 규모가 21조 6천억 원, 학생 1인당 월평균 사교육비는 24만 2천 원이라고 하니 우리나라는 세계적으로도 그 유례를 찾기 어려운 '사교육 왕국'인 셈이다. 많은 학생과 학부모들이 학교가 아닌 사교육 기관에서 잃어버린 열쇠를 찾고 있는 것이다.

지난해 7월 8일 교육과학기술부에서는 공교육 내실화를 통한 사교육비 경감 및 학교 만족도 향상을 위해 전국 457개(경기도 90개) 초·중·고를 '사교육 없는 학교'로 선정 발표했다. 많은 언론에서 '과연 사교육 없는 학교 운영으로 고질적인 사교육의 병폐를 잠재울 수 있을까?'하는 의문과 함께 실효성 없는 정책이라는 비판을 서슴지 않고 있으나 일단 첫 단추는 끼웠다는 점에서 긍정적으로 생각할 필요가 있다. 우리 학교도 '사교육 없는 학교'로 지정받아 '맞춤형 교육활동을 통한 사교육 없는 행복한 학교 만들기'로 추진 방향을 정하고, 이를 위해 모든 학생에게 적합한 맞춤형 교육과정을 운영하고, 안전하고 믿을 수 있는 방과후학교를 운영하며, 질 관리를 통해 학생과 학부모를 만족시키는 학교교육을 구현하기로 했다. 이는 아침자습,

정규 교육과정, 방과후학교, 반딧불 도서관 운영, 종일 돌봄교실 등을 충실하게 운영하여 아이들이 사교육을 받지 않고 학교에서의 학습과 보살핌만으로도 저마다의 꿈을 키우고 잠재능력을 충분히 발휘할 수 있도록 학교교육의 틀을 바꾸는 것이기도 하다.

먼저 아침공부는 '브레인셰이크'로 여는 아침 활동으로 아침운동, 명상시간, 창의력 학습지, 신나는 영어방송 등 다양한 수업 전 프로그램이 운영된다. 부모가 맞벌이로 일찍 학교에 올 수밖에 없는 아이들을 위한 프로그램이다.

둘째, 정규 교육과정 운영에서 저학년은 표현 중심의 교과통합, 중학년은 협력 담임제를 통한 교과교육, 고학년은 선택형 교실제를 통한 학력향상으로 차별화를 시도했다.

셋째, 방과후학교는 특기적성 교실제를 운영한다. 특기적성 교실제란 방과후학교 강좌를 다양하게 개설하고, 학생들이 개인적으로 요일별 방과 후 시간표를 짜서 행복한 오후를 보낼 수 있도록 운영하는 것이다. 학생들이 각자의 재능에 따라 개별적인 방과 후 시간표를 가질 수 있는 사교육 대체 프로그램을 마련한 것이다. 이때 방과 후 강좌 선택 과정에서 이따금 생기는 틈새시간에는 학교도서관을 찾아 자유로운 독서활동을 즐기도록 한다.

넷째, 특기적성 교실제가 끝나고도 집에 돌아가면 나 홀로 아이가 되는 저소득층과 맞벌이 가정 자녀는 학교에서 저녁을 먹고 종일 돌봄교실에 참여한다. 아이들이 부모의 보호를 받을 수 없는 저녁 9시까지 학교에서 부모를 대신하여 학습과 보살핌 기능을 계속해 주는 것이다.

사교육 없는 학교 추진은 분명 외롭고 힘든 여정일지 모른다. 그러나 어려운 만큼 모든 열정을 쏟아 볼 가치가 있고, 모든 학교로 확대되어야 한다고 생각한다. 이제는 학생과 학부모들이 학교에서 잃어버린 열쇠, 행복의 열쇠를 찾을 수 있도록 학교가 불빛을 밝혀 주어야 한다.

(경기도교육위원회 소식 제19호 2009년 9월~2010년 2월)

18

바람직한 학부모회 운영 방향

교육기본법 제13조 1항에 "부모 등 보호자는 보호하는 자녀 또는 아동이 바른 인성을 가지고 건강하게 성장하도록 교육할 권리와 책임을 가진다."라고 명시되어 있다. 그러나 이제까지 학부모를 위한 지원 조직 및 정책은 없었고, 자연히 모든 교육정책은 학생과 교직원에 치중되어 교육공동체의 일원인 학부모에 대한 정부 차원의 관심과 지원이 미흡했던 것이 사실이다.

이런 점에서 지난 2009년 5월 교육과학기술부에 학부모지원과가 신설되었고, 9월에는 경기도교육청에도 학부모정책팀이 신설된 것은 늦었지만 다행한 일이라고 생각하며, 앞으로 각 급 학교에 조직·운영될 학부모회에 대한 기대도 크다.

그런데 학부모회 조직에 대한 기대가 큰 만큼 한편으로 걱정이 앞선다. 교장으로 부임하자마자 어느 학부모로부터 장문의 편지 한 통을 받았다. 그 편지의 내용은 전에 운영되었던 어머니회는 운동회, 체험학습 같은 학교 행사만 있으면 어머니회 대표로부터 회비를 요구받았고, 전임 교장

선생님은 어머니회의 이러한 폐단을 막기 위해 어머니회를 폐지했었는데, 새로 교장선생님이 부임하셔서 어머니회를 부활할까 두렵다는 내용이었다. 그런 일은 없을 테니 안심하셔도 된다는 답장을 보냈지만 이러한 두려움이 편지를 보낸 한 학부모의 두려움만은 아니라는 생각이다. 전국의 초·중·고등학교 중 학부모회를 운영하는 학교가 65.7%라고 하니, 학부모회를 운영하지 않고 있는 34.3%에서 학부모회를 조직한다고 하면 종전의 어머니회의 기억을 떠올리는 학부모가 많은 것이 학교 현장의 실정이다.

또한 더 생각할 점은 여러 부작용으로 어머니회를 폐지하였지만 이것이 문제의 적극적인 해결 방법은 아니라는 생각이다. 사랑하는 자녀를 학교에 보낸 학부모로서는 자녀의 학교생활에 대해 무척 궁금하면서도 학교 교육활동에 참여하고 교직원과 소통할 수 있는 기회가 제한되어 학부모라면 누구나 당연히 가지고 있는 알 권리를 충족하기에 어려움이 따른다. 학교에 전화를 하거나 한번 방문하는 것이 생각처럼 쉽지 않고 큰마음을 먹어야 가능한 일이 되었다. 이러다 보니 교육공동체인 학생, 학부모, 교직원의 응집력이 약화되어 단위학교의 자율성 확대에도 한계가 있다.

따라서 학부모와 함께 학교교육의 질을 높이고 교육공동체 모두가 행복한 학교 문화를 창조해 나갈 수 있는 바람직한 학부모회 조직·운영 방향에 대해 생각해 본다.

첫째, 현재 학부모회를 조직·운영하는 학교나 그렇지 않은 학교나 이제까지와는 전혀 다른 새로운 개념으로 조직·운영되는 학부모회에 대한 대대적인 홍보가 필요하다.

학부모의 권리와 의무, 새로운 학부모회의 구성, 학부모회 참여 필요성, 학부모회 운영 방법 등에 대해 적극적으로 홍보하여 학부모회 조직·운영에 따른 학부모들의 불안감을 씻어 주고, 교육주체로서의 인식을 가질 수 있도록 도와주어야 한다.

둘째, 학교운영위원회와 연계하여 학부모 대표성을 확보할 수 있도록 구성하여야 한다. 학교운영위원회 위원 선출을 규정한 초·중등교육법 시행령 제59조 2항에 학부모위원은 학부모 중에서 민주적 대의절차에 따라 학부모 전체 회의에서 직접 선출하도록 되어 있는데, 이때 학부모회를 함께 구성하여 학교운영위원회 학부모위원이 학부모회 임원을 겸임하도록 권장한다.

셋째, 학부모회 참여의 기피를 방지하기 위해 회비 징수 등 일체의 금전적 부담을 해소해 주어야 한다. 학교 행사, 체험학습, 회원 친목, 학생 간식 등의 명목으로 학부모에게 부과되었던 경제적 부담을 없애고, 교육공동체 구성원으로서의 활동 중심으로 학부모회를 운영하여야 한다.

넷째, 학부모가 자발적으로 개인별 특성에 맞는 자원봉사 활동을 주도할 수 있도록 한다. 학생들의 학교생활과 관련지어 학부모들이 참여할 수 있는 활동으로는 녹색어머니 활동, 독서도우미, 어머니 폴리스, 방과후학교 안전도우미, 엄마품 멘토링, 방과후학교 코디네이터, 교내외 체험학습 자원봉사, 학교주변 안전점검 자원봉사, 진로지도 자원봉사 등 여러 가지가 있다. 이러한 활동에 타의가 아닌 자기 주도적으로 참여하여 보람을 느낄 수 있도록 한다.

새 학년도에는 학부모회 조직·운영으로 이제까지 구호

에만 그쳤던 수요자 중심 교육을 실현하고, 학부모의 잠재능력을 학생 교육활동에 활용함으로서 바른 인성과 창의성을 두루 갖춘 인재를 육성하며, 학교가 지역사회 발전의 중심축으로서의 역할을 충실히 할 수 있게 되기를 기대해 본다.

(경기신문, 2010.01.06, 수요일, 12면)

19

학교교육 전환기! 프로젝트 학습법

교육의 근본 목적은 미래를 살아갈 수 있는 힘을 기르는 데 있다. 많은 학자들에 의하면 미래에는 지식기반사회, 정보화사회, 세계화사회, 다원화사회가 도래하리라 전망되며, 이러한 미래사회에서는 다양한 학문과 기술들이 융합되어 새로운 지식과 가치를 창출하게 될 것이다. 그렇다면 지식의 양을 확대하기 위해 단편적인 지식을 암기하고, 학습 동기나 과정보다 결과만을 중시하고 지필평가의 정답찾기식 학습방법에 가까운 오늘의 학교교육이 미래를 살아갈 수 있는 힘을 기르는 데 얼마나 도움을 줄 수 있을까?

학생들에게 미래를 살아갈 수 있는 힘, 즉 타인을 배려하고 더불어 살면서, 미래를 개척하고 함께 발전할 수 있는 능력을 키워 주기 위해서는 분절된 교과나 내용을 전달하는 종전 교육 방식을 탈피하고 학습자 중심의 자기주도적인 학습 패러다임으로 전환돼야 한다. 이와 관련하여 2010년 1월 교육과학기술부에서는 창의·인성교육을 강조하고 있으며, 각 시·도 교육청에 실천적인 방향 모색을 제안하고 있다.

교육과학기술부의 창의·인성교육계획을 살펴보면 실제

학생들이 가장 많은 시간을 보내는 교과활동을 통해 발현될 수 있도록 하고 있으며, 종전의 재량활동, 특별활동, 체험활동, 봉사활동 시간에 적용된 창의성 교육 및 인성교육의 분리된 방식에서 통합적인 접근 방법으로 전환을 강조하고 있다. 이런 점에서 경기도교육청이 사교육 없는 학교 90개교를 대상으로 학생의 관심과 흥미, 주제 중심, 활동 중심 등의 수업을 통합적으로 전개하는 프로젝트 학습법을 시도한 것은 매우 큰 의미가 있다.

프로젝트 학습법은 한 명 또는 그 이상의 학생이 특정 주제에 대하여 심층적으로 연구하는 것으로, 학생들이 학습할 가치가 있는 특정 주제에 대하여 서로 협력하고 심층적으로 연구하는 목적 지향적인 수업활동이며 과정중심의 학습활동이다. 하지만 프로젝트 학습에 대한 수많은 연구가 진행되어 왔음에도 불구하고 학교현장에서 쉽게 확산되지 못하고 이제까지는 영재교육 프로그램의 하나로 운영하고 있는 실정이다.

따라서 이러한 프로젝트 학습이 강의 중심적, 교사 중심적, 교과서 중심적인 전통 방식의 대안으로 일반학교에 접목되려면 학생이 흥미를 가질 수 있는 교과연계 주제개발이 이루어져야 하며, 학생 스스로 주제를 선택하고, 진행하며, 평가할 수 있는 학생 주도적인 학습 분위기를 형성해 나가야 한다. 프로젝트 학습이 학교교육에 도입될 경우 다음과 같은 긍정적인 효과를 기대할 수 있다.

첫째, 관련 지식에 대한 깊이 있는 이해와 학습, 팀워크, 학습동기, 자기주도적 학습력 등을 신장시킬 수 있다.

둘째, 긍정적인 도전감, 자신감과 긍지, 자율적 의사결정력 등을 길러 주고, 나아가 과제 해결과정을 즐기게 되며,

해당 과목이나 주제에 대한 흥미와 관심을 높이게 된다.

셋째, 학생들로 하여금 통합된 생각을 가질 수 있도록 하고, 종합적 사고력을 배양할 수 있으며, 학습자 중심교육으로 교실 수업을 개선할 수 있다.

넷째, 프로젝트 학습으로 자기평가와 팀원평가 등과 같은 다양한 수행평가의 반영 비율을 확대하고, 지필평가의 비중은 점진적으로 축소하여 사교육 수요를 줄일 수 있다.

다섯째, 학생 개인 및 학습 집단의 능력과 적성, 그리고 흥미에 적합한 수준별 프로젝트 학습을 통해 교육과정상의 학력수준을 성취하고 스스로 문제를 해결할 수 있는 능력을 기를 수 있다.

여섯째, 궁극적으로 교육과정 운영의 정상화, 공교육의 내실화를 통하여 학교교육에 대한 학생, 학부모의 신뢰를 회복하고 사교육 의존도를 완화시킬 수 있다.

이러한 긍정적인 기대효과에도 불구하고 학교교육 안에 프로젝트 학습법을 도입하기 위해서는 관리자나 담당교사의 인내와 변화 의지가 우선되어야 하며, 오늘의 학교교육은 그 전환기에 서 있다.

전통적인 교사 중심의 일사불란하게, 질서정연하게 진행되던 수업 과정이 프로젝트 학습에서는 조금은 우왕좌왕하고 혼란스럽고 시끄러우면서 분주한 학습으로 펼쳐지게 되기 때문에 이러한 변화를 긍정적인 변화로 받아들일 수 있어야 하는 것이다. 따라서 교사의 역할은 지식 전달이 아니라 학생들이 제대로 방향을 잡고 문제를 해결해 나갈 수 있는 길잡이일 뿐이라는 의식의 변화가 학교교육을 바꿀 수 있다.

(중부일보, 2010.04.29, 목요일, 25면)

20

교육공동체의 마음이 모인 학교

인간은 자율적 의지를 갖고 태어났으며 그 누구도 인간의 자율적 의지를 방해할 수 없다. 자율은 인간적 희열감, 생동감, 주체성을 솟구치게 하며, 민주주의의 기반이기도 하다. 이런 점에서 우리 아이들에게 보다 인간다운 교육을 받을 권리를 보장하고 동시에 학교 교육 내실화의 계기가 되도록 하기 위해서는 학교에 보다 많은 자율이 부여되어야 한다. 자율화로 인한 일시적인 부작용을 최소화하는 방안 마련과 함께 적극적인 참여를 통해 교육공동체 모두가 손을 맞잡고 좋은 학교, 행복한 학교를 만들어 가야 한다.

학교자율화는 글로벌 시대에 부응하여 교육경쟁력을 높이기 위한 디딤돌이며, 이를 통해 단위학교 여건에 맞는 특색 있고 질 높은 교육을 펼칠 수 있다. 이러한 학교자율화를 정착시키기 위해서는 학생, 학부모, 교직원, 지역사회 등 교육공동체의 마음을 얻는 일이 무엇보다 선행되어야 한다.

첫째, 학생들의 마음을 얻어야 한다. 학생들의 마음을

얻는 방법은 다양하다. 구체적으로 칭찬하기, 눈으로 교감하기, 이름 불러 주기, 감정코치, 학생들의 말에 귀 기울여 주기, 자신감 심어 주기, 취미활동을 통해 즐거움 주기 등을 활용할 수 있다. 튀어 오르는 공의 방향을 알 수 없듯이 학생들의 생각과 행동은 가변성이 높다. 전혀 예측하지 못했던 기특한 생각과 행동을 하는 경우도 있고, 당연히 알고 있어야 할 것을 모르기도 한다. 기특할 때는 아낌없이 칭찬하고 기대에 못 미칠 때는 마음을 따뜻하게 어루만져 주어야 한다.

둘째, 학부모의 마음을 얻어야 한다. 사랑하는 자녀를 학교에 보낸 학부모가 자녀의 학교생활에 대해 궁금해 하는 것은 당연하다. 그런데도 학교 교육활동에 참여하고 교직원과 소통할 수 있는 기회가 제한되어 학부모라면 누구나 가지고 있는 알 권리를 충족하기에 어려움이 있는 것이 사실이다. 학교에 전화를 하거나 한 번 방문하는 것이 생각처럼 쉽지 않고 큰마음을 먹어야 가능한 일이다. 이러다 보니 교육공동체인 학생, 학부모, 교직원의 응집력이 약화되어 학교의 자율성 확대에도 한계가 있다. 따라서 교직원과 학부모가 수시로 소통하는 것이 중요하다. 소통을 통해 자녀의 학교생활에 대한 학부모의 알권리를 충족해 주고 마음을 얻어야 한다.

셋째, 교직원의 마음을 얻어야 한다. 교직원의 마음을 얻기 위해 관리자는 통합과 조정에 필수불가결 요소인 커뮤니케이션 능력을 지녀야 한다. 커뮤니케이션 능력이란 말 이외의 여러 방법들이 우리 주변에 있음을 아는 지혜이고, 상대방의 말을 경청할 줄 아는 덕이며, 품위 있게 상대방을 설득해 가는 과정에서 인내할 수 있는 슬기로움이다.

학교가 자율화된다고 하여 정체하거나 퇴보해서는 안 되며, 자율적인 분위기 속에서 참된 변화를 이끌어 내야 한다. 참된 변화는 밖으로부터가 아니라 내면으로부터 시작되고, 구조가 아니라 사람에게서 이루어지며, 높은 사람이 아니라 낮은 곳, 사람들의 마음 깊은 곳에서 자라나는 변화이다. 학교혁신도 교직원의 마음을 얻고 그 마음을 변화시켜 자율적인 분위기 속에서 자발성에 의한 적극적인 동참이 이루어질 때 성공할 수 있다.

넷째, 지역사회의 마음을 얻어야 한다. 지역사회는 일정한 지역에서 공동체의식과 그 지역공동체에 대한 소속감을 가지고 활동하는 인간집단이다. 지역사회의 마음을 얻기 위해서는 학교가 시설을 아낌없이 개방하고 교육활동을 수시로 공개하여 지역주민의 생활터전이 되어야 한다. 또한 지역사회의 필요에 따라 교육과정을 구성하고, 평생교육을 실시하며, 지역사회를 위한 여러 형태의 봉사활동을 전개하여 지역사회 발전의 원동력을 제공하여야 한다.

세상에서 가장 어려운 일은 사람의 마음을 얻는 일이다. 사람의 마음을 얻는 길은 상대방을 내가 원하는 고지로 몰아가는 것이 아니라, 함께 손을 잡고 같은 목표를 향해 걸어가는 여정이다. 또한 각각의 얼굴만큼이나 다양한 각양각색의 마음을 얻는 것이니 만큼 수많은 노력이 수반되어야 한다. 교육공동체의 마음이 모아진 자율적인 학교가 밝은 미래를 열어 가는 창의적인 인재를 길러 낼 수 있다.

(경기일보, 2011.12.23, 금요일, 22면)

21

민주주의 지수 20위에 걸맞은 학생회 운영을

영국 시사주간지 <이코노미스트>의 계열사인 <이코노미스트 인텔리전스 유닛(EIU)>이 지난해 말 전 세계 167개국을 대상으로 측정하여 공개한 '2010년 민주주의 지수' 순위에 따르면 한국은 평균 8.11점을 얻어 20위로 나타났다. EIU의 민주주의 지수는 2년 주기로 발표되는데, 우리나라는 2008년 28위(8.01점)보다 8계단 높아진 것이고, 북한은 2008년에 이어 연속 최하위를 기록했다.

이번 조사는 각국의 정치상황을 선거절차와 다원성, 정부기능, 정치 참여도, 정치문화, 시민사회 자유 등 5개 범주로 분류하고, 각 범주마다 10점 만점으로 전문가 평가와 일반인 설문 등을 종합하여 점수가 매겨졌다.

한국은 선거절차와 다원성(9.17점)에서 가장 높은 점수를 얻은 반면, 정치 참여도(7.22점)는 가장 낮았고, 정부기능(7.86점), 정치문화(7.50점), 시민 자유도 부문(8.82점)으로 2년 연속 평균 8점을 넘어 '완전한 민주주의' 국가군으로 분류됐다.

한편 1위는 평균 9.8점을 받은 노르웨이가 차지했고, 아이슬란드(9.65점), 덴마크(9.52점), 스웨덴(9.58점), 뉴질랜드(9.26점)가 뒤를 이었다. 미국은 8.18점으로 17위, 영국은 8.16점으로 19위, 일본은 8.08점으로 22위를 기록했다.

민주주의 지수 20위는 세계 15위 경제대국, 세계 12위 무역대국인 우리나라의 위상에 비해 약간 뒤지기는 하지만, 민주주의는 경제발전으로 의식주가 충족되었을 때 성숙될 수 있다는 측면에서 보면 고무적인 결과이다. 그러나 앞으로 민주주의 지수를 더욱 높이기 위해서는 각 급 학교의 유명무실한 학생회 운영을 개선해야 하며, 그 방안을 몇 가지 제언하고자 한다.

첫째, 학생회의 시간을 확보해 주자. 2009 개정 교육과정에서 창의적 체험활동은 초등학교 3~6학년은 2년간 204시간, 중학교는 3년간 306시간, 고등학교는 3년간 24단위(408시간)로 주당 초·중학교는 3시간, 고등학교는 4시간이 배당되어 있다. 활동 영역은 자율활동, 동아리활동, 봉사활동, 진로활동이 있는데, 이론상으로 학생회 운영은 자율활동 중 자치활동에서 가능하다. 그러나 실제 운영에서는 자율활동은 자치활동 외에도 적응활동, 행사활동, 창의적 특색활동을 하도록 되어 있고, 동아리 활동은 학술 활동 등 5개 활동을, 봉사활동은 교내 봉사활동 등 4개 활동을, 진로활동은 자기이해 활동 등 4개 활동을 하도록 되어 있어 활동량이 너무 많다. 따라서 창의적 체험활동에서는 학급회 활동 정도는 가능하나 학년과 수업시간이 서로 다른 간부들이 모여야 하는 전교 학생회를 운영할 수 있는 시간을 확보하기는 쉽지 않다. 이런 까닭에 대부분의 학교가 전교 학생회의 시간을 제대로 확보하지 못하고 형식적인 운영에 그치고 있는 실정이다. 우선적으로 전교 학생회의 시간을 확보해 주어야 한다.

둘째, 학생회의 장소를 확보해 주자. 저출산 및 도심 공동화 현상으로 많은 학교에서 유휴교실이 늘어나고 있지만 번듯하게 의장석과 의원석을 갖춘 학생회의장을 꾸민 학교는 거의 없는 실정이다. 학생 수 증가로 교실이 부족한 학교야 어쩔 수 없지만, 유휴교실이 있는 학교에는 학생회의장을 리모델링할 수 있도록 지원하자. 작은 국회의사당과 같은 회의장에서 전교 학생회의를 매주 정기적으로 격식과 절차를 갖춰 운영하고, 회의가 없는 평상시에는 토론학습장으로 활용하면 될 것이다.

셋째, 학생들에게 회의 의제를 자율적으로 정하도록 하자. 이번 주 생활반성, 다음 주 생활목표, 각 부서별 계획, 기타 건의사항 등의 획일적인 운영을 지양하고, 학생들이 회의 의제를 자율적으로 정하여 진행하게 하자.

넷째, 학생회의에서 나온 의견을 학교경영에 적극 반영해 주자. 학생회 운영이 형식에 그치다 보니, 어쩌다 개최된 학생회의에서 나온 의견도 소중히 다루어지지 않고 있는 실정이다. 학생대표가 학교운영위원회나 교직원회의에 참석하여 학생회의에서 결정된 의견을 발표할 수 있게 하거나, 학교장과의 정기적인 간담회를 통해 학생들의 바람직한 의견을 학교경영에 적극 반영해 주자.

심심치 않게 TV를 통해 여과 없이 방송되는 난장판 국회의 모습은 학생 민주주의 교육에 가장 악영향을 미치는 요소이다. 민주주의의 성숙은 학교뿐 아니라 범사회적인 관심과 배려가 필요하다. 우리 모두 힘을 모아 미래 꿈나무인 학생들이 자율적인 민주시민으로 성장할 수 있도록 민주주의 지수 세계 20위에 걸맞은 학생회 운영을 적극 지원해 주자.

(중부일보, 2011.03.28, 월요일, 21면)

22

민주적 소통으로 학교평화 공동체를

"아프리카의 야생 동물 가운데 가장 사나운 동물을 아시나요?"라는 질문을 받으면 보통 사자나 표범이 아닐까 생각하기 쉬운데, 현지인들은 뜻밖의 짐승을 꼽는다고 한다.

아프리카 밀림에서 가장 약하고 맹수들에게 손쉽게 사냥감이 되는 사슴이 가장 사납다는 것이다. 보통 사슴들은 무리를 지어 집단행동을 하지만, 간혹 무리 중에서 무슨 이유인지 소외당해 외톨박이로 혼자 행동하는 사슴이 생기게 되는데, 이 소외당한 사슴은 어떤 사나운 짐승에게라도 가시 돋친 날카로운 뿔을 들이대고 저돌적으로 대들기 때문에 코끼리나 사자까지도 외면한다고 한다. 김노남 교장선생님의 아름다운 이야기 모음집에 나오는 이 예화에서 순하디 순한 사슴이 가장 사나운 동물이 되리라고는 아무도 생각하지 않았을 것이다. 이렇게 소외는 순한 동물까지도 사납게 만든다.

세상에 큰 충격을 안겨 준 흉악범들의 성장 과정을 살펴보면 본성이 흉악했다기보다 주위로부터 소외당하면서 영혼이 피폐해지고, 상상할 수 없는 범죄의 수렁으로 빠지는 경우가 많다. 지금 소외당한 이웃에게 손을 내밀지 않는다면, 우리 자신도 사회를 어둡게 하는 일에 동참하는 것일지도 모른다.

우리나라의 사회적 갈등지수는 경제협력개발기구(OECD)에 속한 31개 국가 중 네 번째로 높은 0.71로 OECD 평균(0.44)보다도 1.6배 정도 높다고 한다. 더 큰 문제는 미래의 갈등지수를 결정짓는 곳이라고 볼 수 있는 학교에서 적극적인 소외 현상이라고 할 수 있는 따돌림이 점점 증가하고 있고, 그것도 특별한 이유 없이 장난으로 이루어진다는 점이다. 청소년폭력예방재단에서 조사한 <2009 학교폭력 실태 조사 보고>에 따르면 따돌림의 이유로 장난(35.5%)과 이유 없음(20%)을 든 학생이 절반을 넘었다. 그 밖에도 상대방이 잘못해서(17%), 오해와 갈등(9%), 화가 나서(8%) 등을 이유로 꼽았다. 따돌림 피해자들은 심각한 고통을 호소하는 데 반해 가해자들은 이를 가벼운 장난쯤으로 치부하며 문제의식도 느끼지 못하는 형편이다.

더불어 살아가는 품성은 소통하는 공동체 안에서 길러질 수 있다. 따라서 학교교육공동체의 구성원인 학생, 학부모, 교직원, 지역사회간의 상호 소통이 원활하게 이루어질 수 있는 방안 마련이 절실하다.

첫째, 학생 상호간 소통이 이루어져야 한다. 그 방안의 하나로 학교별로 친구사랑 주간을 운영하여 친구사랑을 주제로 표어, 포스터, 그리기, 만화, 글짓기, 시, 편지쓰기 등의 활동을 해보자. 또한 마니또 게임을 통해 어렵고 힘든 친구를 숨어서 도와주는 것도 좋을 것이다.

둘째, 학생과 학부모 간 소통이 이루어져야 한다. 매년 어버이날에는 부모님 발 씻어 드리기, 부모님께 고마움을 느꼈던 경험 발표하기, 감사편지 쓰기, 안대로 눈 가리고 엄마 찾기, 우리 가족 칭찬하기, 학생이 부모님께 감사장과 선물 드리기, 요리 만들어 부모님 대접하기, 어머니와 함께 폴카 춤추기, 학생이 쓴 부모님 칭찬일기 발표 등의 효 체험활동을 운영해 보자. 또한 학생 각자의 생일을 부모님께서 낳아 주시고 길러 주신 은혜에 감사드리는 날로 정하고, 다양한 활동을 통해 소통의 기회를 가져보는 것도 좋을 것이다.

셋째, 학생과 교사 간 소통이 이루어져야 한다. 사제동행의 멘토링, 진로설계, 봉사활동, 독서, 체험활동, 음악회, 등산, 걷기, 하이킹 등으로 소통의 기회를 가져 보자.

넷째, 교직원과 학부모 간 소통이 이루어져야 한다. 교직원과 학부모의 정기적인 간담회를 개최하거나 교내 우체국을 설치하여 학부모의 의견을 모니터링하고, 바람직한 의견을 학교경영에 반영해 보자.

다섯째, 학교와 지역사회의 소통이 이루어져야 한다. 학부모 및 지역사회 인사를 대상으로 학기 초에는 학교교육계획 설명회를 갖고, 학기 중에는 교육활동 공개의 날을 운영하며, 학기 말에는 성과보고회를 개최하여 지역사회로부터 신뢰받는 학교로 거듭나 보자.

현재의 학교모습은 미래의 사회모습, 국가모습이다. 따라서 학생과 교직원, 학생과 학부모, 교직원과 학부모가 어느 한 쪽으로 힘이 쏠려 소통의 방향이 일방적이고 권위

적이지 않도록 평등한 소통의 장을 마련하고, 다양한 소통의 기회를 제공하는 것이 필요하다. 그리하여 학생, 교직원, 학부모, 지역사회간의 갈등구조를 쌍방향적이고 민주적인 소통구조로 바꿔 나가야 한다. 민주적 소통으로 평화로운 학교교육공동체를 만드는 데 우리의 열정과 정성을 쏟아 보자.

(중부일보, 2011.04.12, 화요일, 21면)

23

학교에서 '생일, 제2의 어버이날' 운동을

82세 된 노인이 52세 된 아들과 거실에 마주 앉아 있었다. 그때 까마귀 한 마리가 창가의 나무에 날아와 앉았다. 노인이 아들에게 물었다. "저게 뭐냐?" 아들은 공손하게 말했다. "까마귀예요. 아버지." 그런데 아버지는 잠시 후 똑같은 질문을 두 번, 세 번 반복해서 물었다. "저게 뭐냐?" 그러자 아들은 "까마귀라니까요.", "글쎄 까마귀라고요."라고 대답했고, 그 속엔 짜증이 섞여 있었다. 그런데 조금 뒤 아버지는 네 번째 똑같이 물었다. 아들은 그만 화가 나서 큰 소리로 외쳤다. "까마귀! 까마귀라고요. 그 말도 이해가 안 되세요? 왜 자꾸만 같은 질문을 하세요?"

조금 뒤였다. 아버지는 방에 들어가 아주 낡은 일기장을 들고 나왔다. 그 일기장을 펴서 아들에게 주며 읽어보라고 했다. 아들은 일기장을 읽었다. 자기가 세 살배기 아기였을 때의 이야기였다.

"오늘은 까마귀 한 마리가 창가에 날아와 앉았다. 어린 아들이 '저게 뭐야?'하고 물었다. 나는 '까마귀'라고 대답해 주었다. 그런데 아들은 23번을 연거푸 똑같이 물었다. 나는 귀여운 아들을 안아주며 끝까지 다정하게 대답해 주었다. 나는 까마귀라고 똑같은 대답을 23번을 하면서도 즐거웠다. 아들이 새로운 것에 호기심을 가지는 것에 감사했고, 아들에게 사랑을 준다는 게 즐거웠다."

낯이 뜨거워진 아들은 아버지 앞에서 얼굴을 들지 못했고, 아버지는 그런 아들의 손을 꼭 잡아 주었다.

굳이 행복닷컴에 나오는 위의 예화를 들지 않더라도 어버이의 사랑은 자녀의 효도에 견줄 수가 없을 정도로 높고 넓은 것 같다. 어느 작가가 고향 집에 홀로 계신 노모한테 매일 전화하기로 결심했다고 써 놓은 글을 읽어보다 "세상에! 가슴이 싸하니 아려 왔다. 지극히 당연한 발상을 두고 내가 사용한 단어가 '결심'이라니, 결심까지 해야 실행에 옮길 일이라니 나는 얼마나 한심한 인간인가?"라고 자책하는 구절을 보면서 이것이 비단 이 작가만의 모습이 아닌 우리 모두의 자화상일 것이라는 생각이 들었다.

더군다나 저출산으로 자녀가 한둘밖에 없는 소가족 속에서 부모로부터 주기보다는 받으면서, 배려하기보다는 배려 받으면서 자라 온 아이들이 얼마나 나눔과 배려의 품성을 지닐 수 있을지 의문이다.

대부분의 아이들은 생일이 되면 맛있는 음식을 먹고, 용돈도 받고, 갖고 싶은 물건도 선물받기를 원한다. 그러나 이것을 거꾸로 생각하도록 지도해 보자. 학생 각자의 생일을 부모님께서 낳아 주시고 길러 주신 은혜에 감사드리는 날로 정하고, 다양한 효행 활동을 펼칠 수 있도록 지도해 보자. 학교에서부터 '생일, 제2의 어버이날' 운동을 해보자고 제언한다.

첫째, 부모님을 칭찬해 보도록 하자. 흔히 칭찬은 윗사람이 아랫사람에게 하는 것이라고 생각하기 쉽다. 그러나 아무것도 모르는 철부지라고 생각했던 자녀로부터 전혀 뜻밖의 칭찬을 듣는 엄마 아빠는 의외로 큰 행복감을 느낄 수 있다. 생일날 아침 "엄마, 저를 낳으실 때 얼마나 힘드셨어요? 정말 감사합니다.", 식사 전에 "저는 엄마께서 해주시는 음식이 세상에서 제일 맛있어요.", 외출 준비 중인 엄마께 "우와! 우리 엄마 정말 예쁘시다.", 퇴근하시는 아빠께 "저는 이 세상에서 아빠를 가장 존경해요." 등 상황에 맞는 칭찬을 할 수 있도록 지도해 보자.

둘째, 다양한 효행 활동을 하도록 하자. 부모님 발 씻어 드리기, 어깨·다리 주물러 드리기, 등 두들겨 드리기, 부모님께 고마움을 느꼈던 경험 말씀드리기, 부모님께 감사 편지 읽어 드리기, 감사카드 만들어 드리기, 정성껏 만든 카네이션 꽃 달아 드리기, 부모님 안아 드리기 등 다양한 효행 활동을 하도록 지도해 보자.

셋째, 부모님께 자신의 잘못된 습관 고치기를 선물해 보도록 하자. 편식, 늦잠, 컴퓨터 게임 중독, 정리정돈 습관 부족, 손톱 물어뜯기, 과도한 TV 시청 등 자녀의 나쁜 습관 때문에 걱정하시는 부모님께 선물로 잘못된 습관을 고치겠다는 다짐편지를 써 드리고 실천해 보도록 하자.

가족의 해체는 국가, 사회와 개인의 파멸을 가져온다. 가족이 국가, 사회와 개인을 발전시키는 순기능을 원활히 수행하기 위해서 가정은 사랑과 평화, 나눔과 배려, 화목과 즐거움이 존재하는 곳이어야 한다. 이를 위해 부모와 자녀 관계에 윤활유 역할을 할 수 있는 '생일, 제2의 어버이날' 운동을 학교에서부터 적극 펼쳐 보자.

(경기일보, 2011.05.06, 금요일, 22면)

24

학교 내 언어폭력 없애야

언어란 '사람의 생각이나 의견, 느낌 등을 전하는 의사소통의 도구'로써 언어를 통해 인간과 인간이 연결되고 더 나아가 사회와 세계도 연결된다. 인간과 동물은 언어에 의해 구별된다. 언어는 인간을 가장 인간답게 만드는 중요한 요소이며, 언어를 통해 그 사람의 정신세계를 엿볼 수도 있다.

그런데 얼마 전 한국교육개발원이 공개한 <학교생활에서의 욕설사용실태 및 순화대책> 연구보고서에 따르면 지난해 10월 서울·전남·충남 초중고교생 1천260명을 대상으로 설문 조사한 결과 '욕설을 전혀 쓰지 않는다.'는 응답은 전체의 5.4%(68명)인 것으로 나타났다. 욕설을 전혀 사용하지 않는 청소년은 20명 중 1명에 불과한 셈이다. 이는 불량 청소년이나 나쁜 아이들만 욕을 하는 것이 아니라 나름대로 착하고 성실한 우리 주변의 모범 청소년들조차도 성별, 나이, 성적을 불문하고 욕설이 일상적 언어이자 문화로 자리 잡고 말았음을 보여준다. 대화 속에 욕설이 끼여 있는 것이 아니라 욕설 속에 대화가 끼여 있는 듯한 착각이 들 정도이고, 욕설을 하지 않는 청소년은 소수로 전락해 바보 취급을 받으며, 아무 생각 없이 습관적으로 욕을 하고 있는 실정이라고 하니 충격이 아닐 수 없다.

일부에서는 욕설이 그 본질을 떠나 긴장 완화, 감정상의 해방감, 스트레스 해소, 친근감 표시 등의 순기능을 가지고 있다고 말하기도 한다. 그러나 이런 것들이 꼭 욕을 해야 가능한 것은 아니며, 욕 외에 다른 좋은 방법들이 얼마든지 있다. 욕설은 언어폭력일 뿐 그 이상도 이하도 아니다. 학교 내 언어폭력을 없애는 몇 가지 방안을 제언해 본다.

첫째, 언어교육의 틀을 바꾸어야 한다. 이제까지의 언어교육은 한글맞춤법에 초점이 맞춰졌지만, 앞으로는 욕설 없는 바른 말 고운 말 교육에도 관심을 기울여야 한다. 욕설을 배우는 시기가 '초등학교 고학년'(58.2%), '초등학교 저학년'(22.1%), '중 1학년'(7.9%)로 나타난 것처럼 특히 초등학교에서의 바른 말 고운 말 교육을 강화할 필요가 있다.

둘째, 청소년들에게 '욕설은 자신에게 되돌아오는 화살'이라는 사실을 명확하게 인식시켜 주어야 한다. 동네 건달이 한 성인에게 욕을 하였다. 묵묵히 듣고 있던 성인이 "이보게, 자네가 내게 금덩어리를 준다고 하세, 그것을 받으면 내 것이 되지만 안 받으면 누구 것이 되겠나?"라고 묻자, 건달은 "그야 당연히 내 것이죠."라고 대답했다. 그러자 성인은 "자네가 욕을 했으나 내가 받지 않았으니 그 욕은 이제 자네 것이네."라며 빙그레 웃었다. 욕은 부메랑이 되어 자신에게 되돌아오는 것이다.

셋째, 교원 연수를 강화하여야 한다. 조사결과에 따르면 교사의 언어폭력 역시 심각한 상황이다. 응답 학생의 절반 가량(40.7%)은 '자주 또는 가끔' 교사에게 욕설을 들은 적이 있다고 답했다. 일선 학교의 교사는 물론 학원 및 인터넷 강사에 이르기까지 학생들은 교사와 강사의 언어폭력에 시달리고 있는 것이다. 이 중 40.4%는 교사에게 욕설을 들으면 '겉으로 표시는 안 해도 속으로 욕을 한다.'고 했다. 약자이기에 밖으로 표현만 하지 않을 뿐 교사가 한 욕설은 곧바로 반사되어 교사에게 되돌아오고 있는 것이다. 교육의 기본 도구가 언어이기 때문에 연수를 통해 교사들의 교수 용어를 순화하여야 한다.

넷째, 학부모 교육을 실시하여야 한다. 청소년들이 학교와 가정을 오가면서 생활하고 있는 상황에서 학교만의 언어순화 운동은 효과를 거두기 힘들다. 학부모 교육을 실시하고, 가정에서 온가족이 바른 언어생활을 실천하도록 하여야 한다.

다섯째, 욕설 안 하기 범사회적인 운동을 벌여야 한다. 이 운동은 방송과 언론, 인터넷 매체 등 전사회적인 동참이 필요하다. 정치권도 국회 내에서의 폭력과 폭언의 모습을 청소년들이 늘 지켜보고 있다는 점을 결코 잊지 말아야 한다.

우리는 지금 청소년들의 욕설문화가 심각한 수준이라는 인식은 갖고 있으나 뚜렷한 대안을 찾지 못하고 있는 실정이다. '언어는 사회의 거울'이라는 말처럼 청소년들의 욕설문화는 청소년들을 탓하기 전에 우리 모두의 자화상이며, 이 문제를 해결하지 않고는 밝은 미래를 열어갈 수 없다. 학교가 앞장서서 대안을 찾아보자. 청소년들의 올바른 언어사용을 위해 특별수업도 하고, 교육공동체 모두가 아름다운 우리말쓰기 운동을 적극적으로 전개하자. 그리고 가정, 사회, 국가가 이에 적극적으로 동참하자. 학교 내 언어폭력을 없애는 데 우리 모두의 지혜를 모아보자.

(경기일보, 2011.06.21, 화요일, 22면)

25

토요 프로그램으로 삶의 질 높여야

지난 3월부터 주 5일 수업제가 전국 초·중·고등학교에서 전면 자율 시행되었다. 돌이켜보면 주 5일 수업제는 1972년 초등학교의 주 1회 '자유학습의 날', 1995년 '자율학습의 날', 2000년대 '토요 자율등교제'와 2004년 월 1회 시범운영, 2005년 월 1회 운영, 2006년부터 월 2회 격주 운영을 거쳐 올해 전면 자율실시에 이른 것이다. 그런데 교육의 3주체인 학생·교사·학부모의 반응은 대체로 두 갈래로 나뉘는 것 같다.

먼저 긍정적인 견해로는 학생의 학습 부담이 줄어들면서 창의적인 체험활동이 활성화되고, 교사는 단축된 근무시간을 자기 계발 시간으로 활용할 수 있으며, 학부모는 자녀와의 체험학습 기회를 가질 수 있어 가족 간 유대를 강화하는 계기로 삼을 수 있다는 것이다.

그러나 부정적 견해도 적지 않다. 교육과정을 그대로 둔 채 수업일수만 줄임으로써 오히려 학생·교사·학부모의 부담만 늘어났다는 것이다. 구체적으로 학생들은 평일수업 증가와 방학기간 단축, 그리고 토요일 오전 학원 학습에 대해 부정적이고, 교사들은 순번제로 토요프로그램을 관리하다 보니 토요일에도 출근해야 한다는 불만이 있으며, 자녀를 맡길 곳이 없는 학부모의 경우 사교육비 증가를 걱정하고 있다.

주 5일 수업제는 단순히 학교 가는 날을 하루 줄인다는 의미가 아니라 학습의 장을 학교에서 가정과 지역사회로 넓혀 학생들에게 학교 밖의 다양한 체험활동 기회를 제공하는데 의미가 있다. 따라서 이러한 취지를 살려 학생의 삶의 질을 높여 주기 위해서는 지역사회, 가정, 학교가 연계체계를 구축하여 토요 프로그램을 활성화시켜야 한다.

첫째, 지역사회 연계 프로그램이 활성화되어야 한다. 이를 위해서는 시·군·구청, 주민센터, 수련원, 문화원, 청소년진흥원, 문화예술회관, 도서관, 미술관, 박물관, 체육관 등 지자체와 유관기관의 협력으로 지역 내의 인적·물적 자원을 이용한 토요 프로그램이 활성화되어야 한다. 학교는 지역사회와의 연계체제를 구축하고, 지역사회의 다양한 토요프로그램에 대한 종합안내서비스를 제공하여야 한다. 홍보가 부족하면 지역사회에서 여러 형태의 프로그램을 운영해도 참여 학생이 적고, 학생 입장에서는 시간은 있는데 참여할 프로그램이 없을 수 있다.

둘째, 가정의 교육력이 회복되어야 한다. 주말에는 가족이 함께할 만한 지역사회 프로그램에 적극 참여하는 가정이 늘어나야 한다. 만약 참여하지 못할 경우 가족회의를 통해 여러 가지 활동거리를 찾을 수 있다. 예컨대 가족등산, 가족여행, 공연과 전시회 관람, 봉사활동, 집 주변의 화단 가꾸기, 고장 난 물건 수리, 주변의 안전사고 위험 구역 조사, 집안 대청소 등의 활동을 통해 공부와 일과 놀이가 자연스럽게 연결될 수 있다. 그리고 학교는 학생들이 가족과 함께 건전한 여가활동을 즐기며, 가족애를 기를 수 있도록 도와주어야 한다.

셋째, 학교는 지역사회와 가정에서 흡수하지 못한 학생 수요를 수용할 수 있도록 다양한 토요 프로그램을 운영하여야 한다. 특히 토요일에도 쉬지 못하는 영세사업장 종사자와 자영업자, 맞벌이부부, 저소득층 학부모들은 나 홀로 남겨지는 자녀가 걱정스러울 수밖에 없다. 이를 위해 학교가 나 홀로 남겨져 각종 사건·사고에 노출되어 있는 학생들을 보살피고 교육하기 위해 양질의 다양한 프로그램을 개설 운영하는 것은 당연하다. 학교 문은 토요일에도 활짝 열려 있어야 한다.

주 5일 수업제로 학교가 전담해 오던 교육기능이 가정과 지역사회로 확대되는 것은 교육적으로나 국가적으로 큰 변화이다. 여가 시간이 늘고 학생들의 창의적 체험학습과 특기적성계발 기회가 확대되면서, 창의성과 문제해결력, 자기주도 학습력, 감성, 인성 등 미래사회가 요구하는 인재를 키울 수 있는 환경이 마련된 것이다. 이제는 주 5일 수업제에 대한 찬반논쟁을 넘어 다양한 토요 프로그램 운영으로 학생들이 즐겁고 보람 있는 시간을 보낼 수 있고, 삶의 질이 높아질 수 있도록 우리의 지혜를 모아야 한다.

(중부일보, 2012.06.21, 목요일, 25면)

26

'사교육 없는 학교' 성공 전략

"보아하니 교육청에 근무하시는 것 같은데, 학교를 없애든지 학원을 없애든지 해야지 서민들은 사교육비 때문에 살 수가 없어요."

경기도교육청에서 방과후학교 담당 장학사로 근무할 당시 출장을 가려고 정문 앞에서 택시를 탔을 때, 기사로부터 들은 이야기이다. 학교와 학원 중 경우에 따라서는 학교를 없애도 상관없다는 기사의 말에 30여 년을 교육계에 몸담아 왔던 사람으로서 황당함을 감출 수 없었다.

그러나 곰곰이 생각해 보니 그 택시기사의 말처럼, 우리나라 학부모들은 학교를 안 보낼 수도 없고, 학원을 안 보낼 수도 없는 진퇴양난의 처지에 놓여 있다. 그러다 보니 사교육비 때문에 맞벌이를 해야 하고, 과로를 하면서도 건강을 돌볼 여유가 없다. 더 나아가 사교육비는 저출산과 가정파탄의 원인이 되기도 한다.

지난해 교육과학기술부는 이러한 사교육의 폐해를 막고, 공교육 내실화를 통한 사교육비 경감 및 학교 만족도 향상을 위해 전국 457개교, 경기도 90개 초·중·고를 '사교육 없는 학교'로 선정 발표했다.

우리 학교도 사교육 없는 학교로 지정받아 운영한 지 1년이 됐고, 그 결과 사교육비 절감율 10%를 달성했다. 비록 목표 달성률은 미흡하지만 학교장으로서 그동안 학교 현장에서 직접 체험하고 느낀 '사교육 없는 학교' 성공 전략을 몇 가지 제언하고자 한다.

첫째, 비전 제시로 공감대를 형성해 교직원에게 자신감을 심어주고, 학부모의 협조를 이끌어 내는 것이다. '맞춤형 교육활동을 통한 사교육 없는 행복한 학교'라는 비전을 제시하고, 교직원 연수와 학부모 설명회를 개최하여 교육 공동체를 하나로 묶어 자신감을 갖고 서로 협조하는 분위기를 조성했다.

둘째, 사교육의 필요를 느끼지 않도록 정규 교육과정을 충실히 운영했다. 저학년은 표현 중심의 교과통합, 중학년은 협력담임제를 통한 교과교육, 고학년은 선택형 교실제와 프로젝트 학습을 통한 학력 향상으로 차별화를 시도하였다.

셋째, 정규 교육과정을 보완할 수 있는 다양하고 질 높은 방과 후 교과, 특기적성 및 문화예술 프로그램을 운영했다. 전교생이 각자의 종합재능기록표와 학교에 개설된 방과 후 강좌를 기초로, 학습 플래너인 담임교사와의 상담을 통해 방과 후 시간표를 작성하고, 이를 가정통신하여 이 시간표에 의해 방과후학교 강좌를 수강 신청할 수 있도록 했다. 물론 학교에서 계획한 방과 후 시간표가 마음에 들지 않을 때에는 가정에서 학생과 학부모가 함께 수정 보완할 수도 있다. 이를 위해 학교에서는 60여 개의 다양하고 질 높은 방과 후 교과, 특기적성 및 문화예술 강좌를 운영하고 있다.

넷째, 교과·특기적성 및 문화예술 강좌 수강 후에 귀가해도 나 홀로 아이가 되는 저소득층과 맞벌이 가정 자녀는 학교에서 저녁을 먹고 종일 돌봄교실과 반딧불 도서관에서 운영하는 엄마품 멘토링에 참여토록 했다. 부모의 늦은 퇴근으로 아이들이 보호를 받을 수 없는 밤 9시까지 학교에서 부모를 대신하여 학습과 보살핌 기능을 계속해 주는 것이다.

끝으로, 방과 후에 늦게 귀가하는 아이들의 안전을 보장하는 것이다. 학부모들이 안심하고 맡길 수 있는 학교를 위해 '방과후학교 안전 도우미'를 조직·운영하고 있다.

정부에서 사교육과의 전쟁을 선포할 정도로 '사교육 없는 학교' 추진은 분명 어렵고 힘든 여정일지 모른다. 그러나 어려운 만큼 모든 열정을 쏟아 볼 가치가 있는 과제이기도 하다. '사교육 없는 학교'로 지정받은 학교가 먼저 실현 가능한 사교육 대체 프로그램을 마련하고, 이를 전국의 모든 학교에 일반화해 하루빨리 사교육 없는 행복한 나라가 되기를 염원해 본다.

(경기일보, 2010.06.02, 수요일, 18면)

27 학생 중심 학교, 학생 중심 교육

교육현장에 수요와 공급이라는 경제용어가 도입되어 '수요자 중심 교육'이라는 용어가 사용된 지도 꽤 오랜 시간이 흘렀다. 그리고 교육도 이젠 수요자 중심으로 이루어져야 하며, 수요자인 학생, 학부모의 목소리를 듣고 공교육을 내실화하자는 데는 이견이 있을 수 없다.

그런데 문제는 수요자라는 말의 불명확성이다. 교육현장에서는 공급자를 어떻게 설정하느냐에 따라 수요자가 달라질 수 있다. 예컨대 교육청의 입장에서 보면 학생, 학부모, 교사, 학교, 지역사회, 산업현장 모두가 수요자가 되며, 교사의 입장에서 보면 학생, 학부모가 수요자가 된다. 결국 교사는 교육청에 대해서는 수요자이지만 학생, 학부모에 대해서는 공급자의 위치에 있다고 볼 수 있다. 학부모 역시 자녀교육에 대해 1차적인 책임과 권리를 가졌다고 보는 경우 공급자의 위치에 있으나, 교사의 교육이 자연법상으로 학부모의 신탁에 의한 것이라고 보는 경우 교사에 대해서는 다시 수요자가 된다. 또한 학부모를 수요자로 보고 의견을 수렴할 경우 과연 학부모들이 학생들의 이야기를 전하는 것인지? 아니면 학부모 자신의 요구를 학생의 이름을 빌어 표현하는 것은 아닌지 돌이켜보아야 한다.

연습에 열중하는 양궁선수는 표지판 중앙의 과녁을 겨냥하지 표지판을 겨냥하지 않는다. 볼록렌즈로 한 점에 햇빛을 모으지 않고서는 발화점에 도달할 수 없고 종이를 태울 수도 없다. 초점이 명확해야 되는 이유이다. 따라서 '수요자 중심 교육'에 대해 다시 깊이 생각해 볼 필요가 있다.

교육권은 크게 교육받을 권리와 교육할 권리로 나뉜다. 그리고 교육에 관한 모든 권리는 근원적으로 학생의 교육받을 권리에서 출발한다. 학생의 교육받을 권리는 부모의 교육권, 교사의 교육할 권리, 학교설립·경영자의 교육할 권리, 국가의 교육권 등 모든 교육주체가 갖는 교육권의 중심에 있다.

교육의 핵심은 학생이고, 학생들은 배움의 주체이지 가르침의 대상이 아니다. 학생들이 스스로 배우고 느끼도록 교사들은 옆에서 다독이고 격려해 줄 뿐이다. 학생이 학습자라면 교사는 모름지기 모범 학습자가 되어야 한다. 즉 학생들의 학습을 돕는 조력자, 지도자로서의 역할을 충실히 해야 한다.

따라서 공급자에 따라 뜻이 모호해지는 '수요자 중심 교육'이라는 말 대신에 '학생 중심 교육'이라는 말을 쓰자고 제언해 본다. 수요자 중에서도 가장 중요한 것은 학생이며, 학생 중심 교육이 학생들을 변화시킬 수 있는 가장 큰 전략이 되어야 한다. 이를 위해 교육현장에서 다음과 같은 일들이 실천되어야 한다.

첫째, 학생이 주인인 학교 문화를 조성해야 한다. 학교 조직, 정규 교육과정, 방과후학교 등이 모두 학생 중심으로 계획되고 운영되어야 한다. 말로만 학생 중심이라고 하고, 교사나 학부모, 학교경영자, 지역사회로 대표되는 어른들의 사고에 바탕을 둔 학교 문화를 조성하고 있는 것은 아닌지 반성해 보아야 한다. 학생들의 반응에 따라 능동적으로 움직이는 교육이 이루어질 수 있도록 학생 중심의 학교 문화, 학생 중심의 교육환경 조성을 위해 노력하자.

둘째, 학생의 학습 선택권을 확대해야 한다. 교육과정의 자율성과 유연성을 대폭 허용함으로써 학생의 관심과 진로, 능력 등에 따라 학생 중심의 교육과정을 편성·운영하고, 학생이 선택하고 학생이 중심이 되는 수업이 이루어져야 한다. 아무리 좋은 내용을 훌륭하게 가르친다고 해도 학생에게 선택권이 주어지지 않는 강제적인 참여로는 교육의 효과를 기대할 수 없다.

셋째, 학생 개개인의 잠재적인 재능을 찾아 스스로 꿈을 키워 나갈 수 있도록 창의성 교육에 힘써야 한다. '꿈꾸는 학생들'로 성장할 수 있는 기틀을 마련하고 꿈을 이룰 수 있도록 방향을 알려주는 나침반의 역할을 수행하는 교육이 되어야 한다.

교육 현장도 수요와 공급의 원리가 적용되는 시장인 것은 부인할 수 없지만, 그보다는 교사의 열정과 학생의 자발적 참여가 교차하는 접합 점에서 진정한 배움이 일어난다. 오늘날 사회는 그 속도를 체감할 수 없을 만큼 빠르게 변하고 있으며, 그 변화의 속도만큼 우리 교육에도 요구하는 바가 점점 커지고 있다. 학생 중심 교육을 통한 공교육 내실화로 변화하는 미래 사회에 대비하는 창의인재를 육성해야 한다.

(중부일보, 2011.10.12, 수요일, 21면)

28

사교육비 부담 없는 학교 책임교육 실현

오늘날 우리나라가 당면한 문제 중 가장 심각한 것은 사회 양극화, 저출산, 사교육비 문제이다. 그런데 이 세 가지 문제는 각각 독립된 문제가 아니라 서로 유기적으로 관련되어 있다.

먼저 사회 양극화의 근본적 원인은 교육격차로서 교육기회가 균등하게 주어지지 않음으로 해서 생긴 문제이다. 고소득 가정의 자녀는 학교교육 외에 과외, 학원, 외국유학 등의 사교육 기회를 가질 수 있는 반면, 그렇지 못한 자녀는 학교교육에만 의존할 수밖에 없는 교육기회의 불평등에서 학력격차가 발생한다. 그리고 학생 때의 학력격차가 성인이 되면 소득격차로 나타나고, 다시 부모소득 수준에 따라 학력격차가 발생하는 악순환이 반복되면서 사회 양극화를 점점 심화시키고 있다.

또한 저출산의 주된 원인도 사교육비 부담 때문이라는 의견이 많은 가운데, 저출산을 극복할 수 있는 희망적인 이야기보다는 여기저기서 걱정의 소리만 들린다. 실제로 2010년 삼성경제연구소의 <저출산 극복을 위한 긴급제언>

보고서에 따르면, 작금의 저출산 추세가 지속된다면 2100년에는 우리나라 총인구가 2,468만 명으로 줄어들고, 2500년에는 2010년 인구의 0.7%인 33만 명으로 축소되어 한민족이 소멸하고 한국어도 사라진다고 전망하고 있다.

결국 국가의 운명을 좌우할 사회 양극화, 저출산 문제가 사교육비 문제로 귀결되는 상황에서 이 문제를 슬기롭게 해결하지 못하면 대한민국의 밝은 미래를 기약할 수 없다. 이러한 배경에 따라 지난 4월 경기도교육청에서 발표한 사교육비 경감 대책의 개요, 목표, 주요 내용을 소개한다.

우리 경기도에는 혁신교육이 있고 배움 중심 수업이 있다. 새로운 교사 연수 프로그램을 이수한 역량 있는 선생님들이 있다. 이러한 장점들을 서로 나누고 공유하여, 경기혁신교육으로 사교육을 잡겠다는 것이 사교육비 경감 대책의 개요이다. 또한 오는 2015년까지 사교육비 20% 경감을 목표로 하고 있다. 통계청에서 발표한 2011년 경기도의 학생 1인당 월평균 사교육비 26만 9천원을 3년 안에 20%인 5만 4천 원 경감시켜 21만 5천 원으로 줄이는 것이다. 경기도교육청의 사교육비 경감 대책의 주요 내용은 다음과 같다.

첫째, 학교교육 사교육 영향 평가를 실시하고, 학교유형별 사교육 실태 및 사교육 유발 요인을 진단하여 적절히 대응해 나가는 것이다.

둘째, 수업을 바꾸는 것이다. 창의지성교육 및 배움 중심 수업으로 사교육비를 경감한 혁신학교나 창의경영학교 등을 인근의 다른 학교와 클러스터로 묶어 수업혁신 우수사례, 경험, 장점을 일반화하는 것이다.

셋째, 평가를 바꾸는 것이다. 교육과정을 내실 있게 운영하고, 교육과정 범위 내에서 평가가 이루어지도록 컨설팅하여 소위 '선행학습 사교육'을 줄이는 것이다. 상시평가 및 교사별 평가를 강화하고, 서술형·논술형 평가를 2012년 30%, 2013년 35%, 2014년엔 40%까지 확대하는 것이다.

넷째, 누구나 참여하고 모두가 만족하는 방과후학교를 운영하는 것이다. 학교별로 특성화된 강좌를 개설하여 타 교생도 수강할 수 있는 '개방형 방과후학교'로 전환하고, 개학과 동시에 방과후학교를 시작하며, 다양한 토요 프로그램을 개설하는 것이다.

사교육의 근본 원인은 학교 내부 요인보다는 학벌사회, 대입제도, 사회적 인식 등의 외부 요인이기 때문에 교육청 차원에서 사교육비를 줄이는 것은 쉽지 않다. 따라서 정부, 사회, 대학, 교육청, 학교, 가정 등 우리 사회 전체가 함께 노력해야 해결할 수 있다. 그 일환으로 우리 교육청과 학교가 할 수 있는 방안들을 내놓은 것이다. 어떤 것은 효과적이고, 어떤 것은 그렇지 않을 수도 있겠지만 효과적인 방안을 중심으로 수정하고 보완하여 사교육비를 줄이기 위해 지속적으로 노력할 것이다. 아무쪼록 경기도교육청의 사교육비 경감 노력이 다른 시도, 학교에도 파급되어 사교육비 부담 없는 학교 책임교육이 실현되기를 염원해 본다.

(중부일보, 2012.05.18, 금요일, 21면)

29

큰 꿈을 갖고 기초를 튼튼히…

옛날에 매우 어리석은 부자가 있었는데, 어느 날 친구 집에 놀러 갔다가 친구 집이 훌륭한 이층집인 것을 보고 돌아와 배가 아팠습니다. '내가 친구보다 더 부자인데 내 집이 친구 집만 못하다니? 당장 삼층집을 지어야지!' 부자는 곧 목수를 불러 삼층집을 짓도록 하였습니다. 다음날부터 목수는 인부를 데려다 땅을 깊이 파기 시작하였습니다. 어리석은 부자는 인부들이 일하는 걸 보고 물었습니다. "집은 짓지 않고 땅은 왜 파는가?", "땅을 파고 돌을 묻어 밑을 탄탄히 하는 것입니다. 그래야 집이 튼튼히 설 수 있습니다." 며칠 후, 아래층부터 벽돌을 차곡차곡 쌓는 걸 보고 또 주인이 물었습니다. "이게 뭔가?", "지금 아래층을 쌓는 중입니다.", "내가 바라는 건 삼층일세. 그러니 일층, 이층은 아무렇게나 하고 빨리 삼층을 올리게", "주인님, 어찌 그렇게 집을 지을 수 있습니까? 기초가 튼튼해야……", "글쎄 아래층은 별 것 아니래도, 삼층만 잘 지으라니까.", "예, 알겠습니다." 결국 목수는 어리석은 부자 영감의 성화에 못 이겨 아래층은 아무렇게나 하고 삼층만 잘 꾸며 놓았습니다. 하지만 그 집은 얼마 못가서 그만 폭삭 주저앉고 말았습니다. 집 한 채 짓는 데도 기초가 얼마나 중요한지를 깨우쳐주는 이야기입니다.

'초등학교 공부야 아무렴 어때? 중·고등학교 가서 잘하면 되지.' 이런 생각은 마치 모래 위에 삼층집을 짓는 것이나 마찬가지입니다. 또한 삼층집을 짓고 난 후 기초공사를 할 수 없듯이 중·고등학교에 가서 초등학교 공부를 하기는 어렵습니다. 초등학교 때는 초등학교 때 해야 할 기초 공부를 튼튼히 해야 합니다. 그리고 중요한 것은 삼층집을 지을 때와 백층건물을 지을 때의 기초공사가 다르듯이 여러분이 어떤 꿈을 갖고 있느냐에 따라 초등학교 때 기초 공부를 하는 태도가 달라진다는 사실입니다.

큰 꿈을 갖고 기초 공부를 튼튼히 하는 창용 어린이가 됩시다. ≪꿈누리≫ 창간호의 탄생을 축하하며, 창용 가족 모두의 마음과 마음을 이어주는 진실한 만남의 장이 되기를 기원합니다.

(2009학년도 창용초등학교 ≪꿈누리≫ 창간사)

제 3 부

습관화 교육이 세상을 바꾼다

생각해 보면 아침에 일어나서 저녁에 잠들기까지 우리의 모든 행동은 거의 무의식적인 습관에 의해 반복되며, 습관 아닌 행동은 흔치 않습니다. 영혼을 가진 열정적인 교육, 다름을 인정하는 여러 줄 교육, 기다림이 있는 교육, 정의를 실현하는 교육을 펼치는 것도 우리 교육자의 습관에 속하는 영역입니다. 바르지 못한 습관을 바꾸는 것은 변화하고 혁신하려는 마음에서 시작됩니다.

30

습관화 교육이 세상을 바꾼다

뉴욕타임스 전문기자 찰스 두히그(Charles Duhigg, 1974~)가 스마트한 습관 사용법을 제시한 ≪습관의 힘≫이 베스트셀러로 떠오르고 있다. 이 책은 누구나 원하지만 뜻대로 되지 않는 일들의 중심에는 습관이 있다는 것을 알려주고, 왜 우리가 후회할 줄 알면서도 같은 일을 반복하고 있었는지를 깨닫게 해준다.

고대 그리스의 철학자 아리스토텔레스(Aristoteles, BC 384~BC 322)가 "인간은 반복적으로 행하는 것에 따라 판명되는 존재다. 탁월함은 단일행동이 아니라 바로 습관에서 온다."라고 습관의 중요성을 강조한 것처럼, 습관은 개인뿐만 아니라 가정, 기업, 사회, 국가의 흥망성쇠에 큰 영향을 미친다. 따라서 교육은 바람직한 행동의 변화, 나아가 변화된 행동의 반복을 통해 습관화되었을 때 참된 의미를 찾을 수 있다.

생각해 보면 우리가 아침에 일어나서 저녁에 잠들기까지의 거의 모든 행동은 무의식적인 습관에 의해 반복되며,

습관 아닌 행동은 흔치 않다. 많은 사람이 아침에 기상습관에 따라 일어나서 식사습관, 운동습관, 인사습관, 언어습관, 작업습관, 공부습관, 독서습관, 질서습관, 청결습관, 성격이 급하거나 느린 습관 등에 따라 하루의 삶을 영위하고, 밤이 되면 잠자는 습관에 따라 잠들곤 한다. 각을 이루는 두 변의 1도 차이는 시작점은 같으나 진행할수록 그 간격이 점점 커지듯, 하루 동안의 좋은 습관과 나쁜 습관의 차이는 미미하지만, 하루하루가 쌓여 1년, 10년, 30년이 지나면 결국 습관에 따라 성공과 실패, 행복과 불행이 결정된다.

이 중에서도 운동습관, 독서습관, 언어습관은 상상도 못할 극적인 변화를 이끌어 내는 핵심 습관으로, 몸에 밸 때까지 습관화 교육이 이루어져야 한다.

첫째, 규칙적으로 운동하는 습관이 몸에 배도록 해야 한다. 사람들이 서로에게 건네는 덕담 중에 가장 많은 어휘는 건강과 행복이다. 그런데 건강과 행복의 근원은 바로 운동이다. 적당한 운동은 생동감, 인내심, 질병예방, 노화방지 등 그 중요성과 좋은 점을 아무리 강조해도 지나치지 않는다. 따라서 줄넘기, 달리기, 구기운동 등 자기에게 맞는 운동을 규칙적으로 할 수 있도록 교육해야 한다. 이런 점에서 아침운동을 통해 건강과 성적향상, 학교폭력예방을 실현하고 있는 몇몇 학교의 사례는 일반화 가치가 있는 좋은 사례이다.

둘째, 학생 스스로 자신의 꿈을 찾는 독서습관을 형성하는 것이다. 시카고대학이 학생들에게 책속에서 영원불변의 가치를 발견하고, 발견한 가치관을 실현시킬 꿈을 찾도록 하여 미국에서 가장 많은 노벨상 수상자를 배출한 것처럼,

인간의 잠재능력을 개발하는 가장 큰 동력은 독서이다. 독서습관이야 말로 삶의 질을 높이는 최고자산이며 국력이다. 따라서 우리 아이들에게 매일 일정시간 이상 독서하는 습관을 체계적으로 길러 주어야 한다.

셋째, 바른 언어습관을 길러 주는 것이다. 언어는 인간과 인간을 연결하여 나눔과 배려, 공감과 소통, 대화와 협력, 참여와 자치로 더불어 살아가게 해준다. 또한 정제되고 순화된 언어를 사용하는 사람에게서 고매한 품격을 느끼듯, 언어는 인간의 품위와 정신세계를 나타내기도 한다. 그런데 2011년 한국교육개발원의 한 연구보고서에서 욕설을 전혀 사용하지 않는 청소년은 5.4%로, 불량 청소년뿐 아니라 착하고 성실한 우리 주변의 모범 청소년들조차도 아무 생각 없이 습관적으로 욕을 하고 있는 실정이라고 하니 충격이 아닐 수 없다. 청소년이 하루 중 대부분의 시간을 보내는 학교에서 올바른 언어습관을 길러 주어야 한다.

"사람이 습관을 만들지만 나중에는 습관이 사람을 지배한다."는 말처럼, 매일 무의식적으로 반복했던 버릇들은 습관이 되어 상상보다 훨씬 더 우리의 삶을 지배한다. 습관은 쉽게 만들어지지는 않지만 한번 길들여지면 고치기도 힘들며, 이미 길들여진 나쁜 습관을 고치려면 몇 배의 고통이 따른다. 아이들의 미래가 보다 행복해질 수 있는 기본은 바로 '습관화 교육'이다. 개개인의 습관이 나와 내 이웃을 성장시키고, 사회와 국가 발전의 원동력이 될 수 있다. 습관은 우리의 삶을 배신하지 않으며, 습관화 교육이 고통 없이 행복하게 세상을 바꿀 수 있다.

(경기일보, 2013.05.08, 수요일, 22면)

31

주인정신으로 혼 심는 교육을

어느 목수가 은퇴를 결심하고 고용주에게 일을 그만두겠다고 말했다. 고용주는 극구 말렸지만 목수는 여전히 일을 그만두고 싶어 했고, 앞으로도 잘 살아갈 수 있다고 자신 있게 말했다.

고용주는 훌륭한 일꾼을 잃게 되어 무척 서운하다고 말하고는 마지막으로 집을 한 채 더 지어 줄 수 있는지 물었다. 목수는 "물론입니다."라고 대답했지만, 그의 마음은 이미 일에서 멀어져 있었다.

그는 형편없는 일꾼들을 급히 모으고 조잡한 원자재를 사용하여 집을 지었다. 집이 완성되었을 때, 고용주가 집을 보러 왔다. 그러나 그는 집을 보는 대신, 목수에게 현관 열쇠를 주면서 "이 집은 이제부터 당신의 것입니다. 그동안 당신이 저를 위해 일해 준 보답입니다."라고 말했다.

목수는 자신의 귀를 의심했다. 그리고는 커다란 충격을 받았다. 만일 목수가 자신의 집을 짓는다는 사실을 알았더라면 아마도 그는 '혼을 담은 시공'으로 100년이 지나도 수리할 필요가 없는 훌륭한 집을 지었을 것이기 때문이었다.

교육의 성패를 가르는 것도 역시 주인정신이다. 교육의 주체인 교사가 주인정신을 갖고 혼을 심는 마음으로 임할 때 모든 학생이 꿈을 키워 창의적인 인재로 성장할 수 있다. 특히 기초·기본교육과 창의·인성교육에는 우리의 정성과 열정을 쏟아 혼을 심는 교육이 이루어져야 한다.

첫째, 기초·기본교육이 충실히 이루어져야 한다. 모든 일에 기본만큼 중요한 것은 없다. 특히 아이들의 인성과 지성, 창의성은 하루아침에 바뀌는 것이 아니기 때문에 기초·기본에 더욱 충실해야 한다. 오늘날 교육에서 강조되고 있는 학력 신장, 인성 함양, 창의성 향상 등도 바로 기초·기본교육에서 비롯된다. 기초·기본이 결여된 교육은 모래 위에 지은 집에 불과하다는 점을 잊어서는 안 된다. 처음 붓글씨를 배우는 사람이 줄긋기를 하다 보면 줄긋기를 빨리 끝내고 완성글자를 쓰고 싶은 유혹에 빠지듯, 지식의 양이 엄청나게 팽창되어 있는 시대에 기초·기본교육에 심혈을 기울이는 것은 쉬운 것 같지만 결코 쉬운 일은 아니다.

그러나 학교는 기초·기본을 가르치는 곳이다. 기초·기본교육을 충실히 하는 것은 창의적인 학생이 되기 위한 초석이다. 창의성은 기초·기본능력의 밑바탕에서 발현되기 때문이다. 특히 각 교과별 기본개념에 대한 철저한 이해가 중요하다. 이를 바탕으로 다양한 영역에 적용하는 응용능력과 창의력을 신장시킬 수 있다.

둘째, 창의·인성교육을 강화하여야 한다. 창의·인성교육은 '새로운 가치를 창출하고 더불어 살 줄 아는 인재'를 양성하는 미래 교육의 본질이자 궁극적인 목표이다. 창의·인성교육을 강화하기 위해 교과활동 시간과 창의적 체험활동 시간을 망라한 다양하고 실질적인 프로그램을 운영하여 타인을 배려하고 더불어 살면서, 미래를 개척하고 함께 발전할 수 있는 능력을 함양해야 한다. 영재위주의 창의성교육이나 문제아위주의 인성교육이 아닌 모든 학생을 대상으로, 일상적으로 이루어지는 포괄적인 창의·인성교육이 이루어져야 한다.

교육을 걱정하는 이들은 흔히 제도가 문제라고 하고 해법도 제도 변화에서 찾는다. 그러나 교육제도가 아무리 바뀐들 그것을 운영하는 사람이 바뀌지 않으면 아이들의 삶은 별로 나아지지 않을 것이다. 교육은 제도 변화보다 운영자의 변화가 더 큰 영향을 미치기 때문이다. 현재의 제도 아래에서는 아무 것도 할 수 없다고 손을 놓으면 정말 아무런 변화가 일어나지 않는다. 그러나 주인정신을 갖고 혼신의 힘을 다하면 현재 상황에서도 충분히 아름다운 변화가 가능하다. 그러나 그 변화는 위에서 주어진 것이 아니라, 단위학교 구성원을 중심으로 아래에서부터 잉태된 것이어야 혁신교육이라는 옥동자를 탄생시킬 수가 있다.

혼이 없는 교육은 학교를, 국가를, 미래를 위태롭게 한다. 혼과 혼이 만나는 진정한 교육으로 아이들의 가슴에 혼을 심어 주어야 한다. '혼을 담은 시공'으로 도저히 흉내 낼 수 없는 신비의 건축물을 만들어 내듯이 '혼을 심는 교육'으로 창의적 인재 육성에 심혈을 기울여야 한다.

(중부일보, 2011.07.26, 화요일, 21면)

32

다름을 인정하는 교육

평화롭고 아름다운 어느 마을에 서로 사랑하는 소와 사자가 살고 있었다. 소는 사자의 용맹함과 과묵한 성격이 마음에 들었고, 사자는 소의 자상함과 부지런함에 흠뻑 빠졌다. 그들에게 가장 중요한 건 사랑이었기에, 결국 둘은 주위의 반대를 무릅쓰고 결혼하였다. 힘들게 함께하게 된 만큼 둘은 최선을 다하기로 약속했다.

소는 최선을 다해서 맛있는 풀을 준비해 날마다 사자에게 대접했다. 사자는 싫었지만 참았다. 사자도 최선을 다해서 맛있는 살코기를 날마다 소에게 대접했다. 소도 괴롭지만 참았다. 하지만, 참을성에는 한계가 있었다. 둘은 마주 앉아 이야기를 하다가 다투게 되었고, 끝내 헤어지고 말았다.

헤어지면서 서로에게 한 말, “난 최선을 다 했어!”였다. 소가 소의 눈으로만 세상을 보고, 사자가 사자의 눈으로만 세상을 보면 그들의 세상은 혼자 사는 무인도나 마찬가지이다. 그것은 소의 세상, 사자의 세상일뿐이다. 나 위주로 생각하는 최선, 상대를 못 보는 최선, 그 최선은 최선일수록 최악을 낳는다.

행복닷컴에서 위의 예화를 들으면서 언뜻 우리가 가르치고 있는 많은 아이들 중에는 생김새와 피부색이 다른 다문화 아이, 특성이 다른 아이, 잠재능력이 다른 아이 등 마치 소와 사자처럼 서로 전혀 다른 아이들이 섞여 있는 것은 아닐까? 그런데도 우리는 아이들의 다름을 인정하지 않고 획일적인 방법으로 최선을 다해 가르치고 있는 것은 아닐까? 하는 생각을 해보았다. 이제부터라도 서로 다름을 인정하는 교육이 이루어져야 한다.

첫째, 소통과 어울림의 다문화교육이 강화되어야 한다. 우리나라는 100만이 넘은 외국인들이 정착함에 따라 다문화 학생 수도 급증하고 있다. OECD 국가 중 가장 낮은 출산율을 보이고 있는 우리나라는 앞으로 다문화 학생 비율이 점점 더 증가할 것으로 전망된다. 따라서 생김새와 피부색이 다른 다문화 아이들이 서로 소통하고 어울려 살아가는 교육이 강화되어야 한다.

둘째, 개인차를 고려한 수준별 개별화 교수·학습이 이루어져야 한다. 학습에 임하는 학생들은 개인마다 출발점 행동이 다르고, 또한 똑같은 학습 내용이 주어진다 하여도 개인에 따라 이해하고 받아들여서 지식을 구조화하는 과정과 속도가 다르다. 따라서 학습 행동을 투입하기 전에 학생 개인의 수준이 어느 정도인지를 분명하게 파악하는 것, 그리고 이를 바탕으로 수준에 맞는 맞춤식 개별화 학습을 적용하는 것이 매우 중요하다. 수업의 초점을 개별 학습자들에게 두고 각 학습자의 개인차를 고려해서 그에 맞는 적절하고 타당한 교수·학습이 이루어져야 한다.

셋째, 저마다 다르게 타고난 잠재능력을 최대한 개발해주어야 한다. 인간은 서로 얼굴 모습이 다르듯 저마다 자기만의 능력을 가지고 태어나기 때문에 그것을 조기에 찾아내어 집중적으로 개발해 주어야 한다. 화가는 독수리 알을 사실대로 그리지만, 교사는 알을 보면서 알에서 부화하고 성장하여 매서운 눈, 날카로운 부리와 발톱, 큰 날개를 가진 독수리를 상상할 수 있는 혜안(慧眼)을 가져야 한다. 그리고 한 아이가 가지고 있는 특기적성에 주목하고 잠재능력을 찾아내어 "철수야! 넌 피아노에 뛰어난 재능이 있어. 열심히 노력하면 세계적인 피아니스트가 될 수 있을 거야."라고 아이의 인생을 바꿀 수 있는 귀중한 한마디를 해줄 수 있어야 한다.

획일적인 교육은 같은 내용을 같은 방식으로 가르치며 평가해야 한다는 신념 하에서 공정한 것처럼 보일 수도 있다. 그러나 이것은 모든 학생이 똑같다는 전제 아래에서만 공정하며, 학생들 사이에 차이가 존재한다면 가장 '불공정한 교육'이 된다.

교육평등의 개념은 능력, 관심, 적성의 차이를 전제로 이들 차이 간에 나타난 격차를 해소할 수 있도록 개별화한 교육을 의미하며, 동일한 내용을 동일한 방식으로 가르치라는 의미가 아니다. 교육은 꿈을 현실로 실현해 가는 위대한 과정이며, 이는 다름을 인정하는 것에서부터 출발해야 한다.

(경인일보, 2011.10.03, 월요일, 11면)

33

기다림이 있는 교육

줄탁동시(啐啄同時)란 말이 있다. 이는 선종의 선어록인 ≪벽암록(碧巖錄)≫ 제16측에 나오는 말인데, 닭이 알을 품어 달이 차면 알속의 병아리가 안에서 껍질을 쪼는 것을 줄(啐)이라 하고, 반대로 어미닭이 그 소리를 듣고, 밖에서 마주 쪼아 껍질을 깨뜨려 주는 것을 탁(啄)이라고 한다. 중요한 것은 이러한 행위가 동시(同時)에 일어나야 온전한 병아리가 될 수 있다는 것이다. 내가 이 말을 가슴속 깊이 간직하고 있는 것은 지금도 잊히지 않는 어릴 적 실수 때문이다. 어느 날 닭이 품은 알을 보니 병아리가 나오려고 조금 깨어져 있었다. 조급한 마음에 알을 깨뜨려 물에 젖은 병아리를 어미닭 품에 넣어 주었는데, 얼마 후에 보니 그만 병아리가 죽어 있었다. 사자성어를 공부하던 중에 이 말을 접하고 그때 나의 조급함으로 한 생명을 죽게 만든 죄책감에 마음이 아팠다. 그런데 이 말을 교육에 적용해보면 아이가 학습할 준비가 되어 있을 때 부모나 교사가 가르치면 교육적 효과가 극대화될 수 있다는 것이다. 이와 같은 줄탁동시의 묘미는 바로 기다림에 있다. 기다림 없이 성급한 결과만을 얻고자 하는 교육은 꼭 여러 부작용이 따르기 마련이다.

우리 교육이 가장 강조하고 있는 창의력과 자기주도 학습력도 절실한 기다림 끝에 습득될 수 있는 능력이다. 창의력을 기르기 위해서는 자율적으로 호기심을 가지고 몰입할 수 있는 여유를 주고 기다려야 한다. 아이가 해야 할 일을 스스로 할 수 있는 자율성을 기르도록 기다려 주고, 원래의 용도와는 다르게 장난감을 가지고 놀아도 바로 사용법을 알려주기보다는 계속적인 호기심을 가질 수 있게 기다려 주며, 장난감 놀이에 푹 빠져 있을 때 다른 데로 주의를 돌리기보다는 충분한 몰입의 시간을 갖도록 기다려 주어야 창의력을 기를 수 있다.

공부하는 기쁨과 즐거움을 주는 자기주도 학습력 또한 기다려야 얻어질 수 있다. 자기주도 학습력을 기르기 위해서는 결과보다 과정에 기뻐하며 학습의 순간순간 즐거움을 맛볼 수 있도록 기다려 주어야 한다. 이러한 학습경험은 평생의 삶을 자기 주도적으로 살 수 있도록 이끌어 준다. 학교에서 배우는 것을 기다리지 못하고 사교육에서 행해지는 암기식 주입식 선행학습도 조급증의 결과이다. 이런 선행학습은 아이들에게 학교 수업에 대한 흥미를 잃게 하는 가장 큰 요인이 된다.

그런데 주변의 모든 현상이 빠르게 변하는 스피드시대에 기다림을 실천하기란 말처럼 그렇게 쉬운 일은 아니다. 보통 식욕, 성욕, 명예욕을 인간의 본능적 욕구라고 하는데, 속전속결욕 또한 참기 힘든 인간의 욕구이다. 세상 모든 사람들이 조급증에 걸려 있다 해도 과언이 아니다. 시험은 최연소 합격, 냉장고는 급속 냉동, 식품은 인스턴트 식품, 선거는 출구조사발표, 엘리베이터는 닫힘 버튼, 커피는 자판커피, 술은 폭탄주, 과일은 속성 재배, 가축은 성장호르몬 사육 등 인간의 조급증을 충족시키기 위한 현상이 여기저기서 나타나고 있으며, 기다림은 더 이상 미덕이 되지 못하고 있다.

그러나 기다림은 멈춤의 시간이 아니고 준비의 시간이며, 낭비의 시간이 아니고 창조의 시간이며, 설렘과 환희가 있는 행복의 시간이기도 하다. 교육도 끈기 있는 기다림이 있어야 한다. 학생들의 보이지 않는 변화는 계절의 바뀜이나 역사의 흐름과 흡사하다. 매일매일 그날이 그날 같고 때로는 가다 말고 뒷걸음질 치는 것 같지만 결국 계절이 바뀌고 세상도 바뀌고 말듯이 언젠가는 아이들도 변한다.

문제는 아이들의 느린 변화를 기다려 주지 못하는 우리의 조급함이다. 아이들의 천천한 변화는 기다림 뒤에 소리 없이 찾아온다. 교육은 사랑이며, 사랑의 다른 이름은 기다림이다. 기다림은 교육의 시작과 끝이다. 교육은 아이들로 하여금 저마다 소중한 꿈을 꾸게 하는 것이며, 부모와 교사는 아이들의 꿈이 이루어질 때까지 옆에서 지켜보고, 함께해 주고, 믿어 주고, 격려해 주고, 조언해 주고, 용기를 주고, 사랑을 주면서 끝없는 관심으로 기다려 주어야 한다. 기다림이 없는 교육자는 교육을 하면서 교육을 보지 못하는 사람이다.

(경기일보, 2012.10.30, 화요일, 22면)

34

변화와 혁신을 담는 그릇

현명한 큰스님이 젊은 스님을 제자로 받아들였다. 그런데 제자는 매사에 무슨 불만이 그렇게 많은지 늘 투덜거렸다.

어느 날 큰스님은 제자에게 물이 든 컵과 소금 한 줌을 가져오라 일렀다. 그리고 소금을 물 컵에 털어 넣은 다음 그 물을 마시게 했다. 제자는 얼굴을 잔득 찡그리며 물을 마셨다. 큰스님이 물었다. "맛이 어떠냐?" "짭니다……" 제자가 성난 목소리로 대답했다.

큰스님은 다시 소금 한 줌을 가져오라 하시더니 제자를 근처 호숫가로 데려갔다. 그리고는 소금을 쥔 제자의 손을 호수에 넣고 휘휘 저었다. 잠시 뒤 큰스님은 제자에게 호수의 물을 한 컵 떠서 마시게 했다. "맛이 어떠냐?" "시원합니다……" "소금 맛이 느껴지느냐?" "아닙니다……"

그러자 큰스님이 말했다. "인생의 고통은 순수한 소금과 같다네. 하지만 짠맛의 정도는 고통을 담는 그릇에 따라 달라지지. 자네가 고통 속에 있다면, 컵이 되는 것을 멈추고 스스로 호수가 되게나……"

행복닷컴에 나오는 위의 예화는 변화의 시대를 살아가고 있는 우리에게 많은 시사점을 준다. 기업, 교육, 문화 등 변하지 않는 것은 아무것도 없다. 따라서 적자생존(適者生存)이라는 말처럼 누구나 생존하고 성장하기 위해서는 변화의 흐름을 잘 감지해서 이에 대응해야만 한다.

그러나 대부분의 사람들은 기존의 관행이나 제도에 익숙해 있어, 좀처럼 그 틀을 깨뜨리기가 쉽지 않다. 기존의 방식을 버리고 새로운 일을 할 때에는 불안하고 고통이 따르기 때문에 변화나 혁신에 대해 부정적으로 생각하는 경향이 있다. 이것이 인간의 본성인지도 모른다.

그렇다고 주변은 변하는데 나 혼자만 변하지 않으면 살아남을 수 없다. 개인이든 조직이든 하루가 다르게 급변하는 국내외 환경 속에서 살아남아 성장하려면 미래의 불확실성을 예측하고 새로운 변화와 미래가치를 창출해 스스로 문제에 대응하여 창조해 나갈 수 있는 미래핵심역량을 키우는 혁신이 필요하다.

혁신(innovation)을 사전에서 찾아보면 '묵은 풍속, 관습, 조직, 방법 따위를 완전히 바꾸어 새롭게 함'이라고 풀이되어 있다. 혁신의 의미와 관련지어 교육혁신 방안을 몇 가지 제언하고자 한다.

첫째, 교육혁신을 위해 '도입해야 할 것'을 찾기보다 '없애야 할 것'을 먼저 찾아 제거해야 한다. 혁신이 필요하다는 것은 달리 말하면 '잘되고 있지 않아 어딘가에서 흐름이 막혀 있다'는 의미다. 진정한 혁신을 위해서는 새로운 것을 도입하기 전에 막혀 있는 곳이 어디인지, 막고 있는 것이 무엇인지 살피는 것이 먼저다.

학교를 변화시키는 핵심은 수업혁신이다. 그런데 수업혁신의 가장 큰 저해요인은 사교육업체가 운영하는 온라인콘텐츠이다. 물론 온라인콘텐츠의 모든 것이 나쁜 것은 아니다. 교사가 사전시청을 통해 필요한 부분을 수업의 도입, 전개, 정리단계별로 적시에 적당량을 활용하면 유익할 수도 있다. 문제는 '클릭 교사'라는 말이 떠돌 정도로 처음부터 끝까지 온라인콘텐츠에 의존하여, 교사와 학생의 상호작용에 의한 배움 중심 수업이 이루어지지 않고 있는 것이다. 이러한 사교육업체 사이트에 전국 14만 초등교사의 90%가 가입되어 '클릭 수업'이 이루어지고 있다는 데 문제의 심각성이 있다.

둘째, 교육혁신은 '개악'이 아닌 '개선'이 되어야 한다. 우리는 어떠한 것이 고쳐질 때 그것이 개악(改惡)이 아닌 개선(改善)이 되기를 원한다. 따라서 교육혁신은 먼저 시범적인 시행을 통해 효과를 분석해 보고, 확산시킴으로써 시행착오를 최소화하는 전략이 필요하다.

"세상에서 변하지 않는 것은 단 한 가지뿐이다. 모든 것이 변한다는 사실이다."라는 말이 있다. 삼라만상이 변하고, 모든 생명체도 탄생하는 순간부터 죽는 순간까지 단 한순간도 움직임을 멈추지 않고 변한다.

이제 변화와 혁신은 선택이 아닌 필수이다. 변화와 혁신을 두려워하기보다 시대의 변화를 읽고 앞서가기 위해 끊임없이 소통하고 함께 지혜를 모아야 한다. 우리 모두의 마음속에 변화와 혁신을 담는 호수만큼 큰 그릇을 준비해야 한다.

(중부일보, 2011.07.12, 화요일, 21면)

35

달콤한 교육, 유익한 교육

영국을 여행하던 한 여행객이 해안지방을 지나가다가 많은 갈매기들이 모래사장에 죽어 있는 것을 보았다. 바다는 청정했으며 갈매기들이 살기에는 더없이 좋은 환경이었기에 분명 예사 죽음이 아닐 것이라고 생각했다.

그래서 여행객은 죽은 갈매기들을 치우고 있는 사람에게 죽음의 원인을 물어보았다. 그러자 그가 대답해 주었다. "이곳에는 여행객들이 많이 옵니다. 여행하는 사람들은 갈매기들에게 과자와 사탕 등 맛있는 먹이를 던져 줍니다. 그것은 갈매기들에겐 해로운 것이지요. 갈매기들이 이 맛있는 먹이들을 받아먹다가 그만 자연먹이에 대한 식욕을 완전히 잃어버리게 된답니다. 철이 지나고 여행객들의 발길이 끊어지면 갈매기들은 그들에게 좋은 바닷속의 많은 먹이를 놔두고 여행객들의 음식만을 기다리다 굶어 죽고 마는 것입니다."

우리를 해롭게 하는 것들은 때론 너무 달콤하여 우리 몸과 영혼의 배고픔과 갈증을 채울 수 있는 좋은 양식들을 잊게 하는 이유가 됩니다.

김노남 교장선생님의 아름다운 이야기 모음집에 나오는 이 이야기를 읽으면서 문득 '우리 교육에서 달콤한 교육과 유익한 교육은 어떤 것들이 있을까?'라는 생각을 해보았다.

첫째, 주입식 교육과 자기주도적 학습이라는 생각이 들었다. 주입식 교육이란 기억과 암기를 주로 하여 지식을 넣어 주는 것으로 학습자가 학습 내용을 받아들일 자세나 준비가 되어 있지 않더라도 그것을 기계적으로 받아들이도록 하는 교수 방법이고, 자기주도적 학습이란 학습자가 스스로 자신의 학습요구를 진단하고 학습목표를 설정하고 학습에 필요한 인적·물적 자원을 파악하고 적절한 학습전략을 선택·실행하고 학습결과를 평가하는 학습과정이다.

주입식 교육은 단시간에 다양한 지식과 내용을 학습할 수는 있으나 학습자의 개성과 능력이 고려되지 않아 학습동기가 지속되지 않는다. 반면 자기주도적 학습은 학습목표, 학습수준, 학습내용, 학습방법, 학습평가기준 등이 처음부터 끝까지 학습자에 의해서 결정되고, 그 결정의 기초를 학습자 개인의 가치, 욕구, 선호 등에 두기 때문에 단시간에 이루어지기는 쉽지 않으며, 많은 노력과 인내가 필요하다.

그런데 학부모들은 학생 중심의 창의적인 수업으로 자기주도적 학습력을 길러 주는 공교육보다는 주입식으로 단시간에 학습이 이루어지는 사교육에 의존하는 경우가 많다. 단시간에 학습해서 남보다 앞서갈 수 있다는 달콤함이 지난해에도 20조 9천억 원의 사교육비를 발생시켰다. 사교육의 달콤함을 뿌리칠 수 있도록 공교육 혁신-사교육비 경감이라는 선순환 체제를 구축해야 한다.

둘째, 타율적 교육과 자율적 교육이라는 생각이 들었다. 타율적인 사람은 자신의 의지와 관계없이 정해진 원칙이나 규율에 따라 움직이지만, 자율적인 사람은 자신의 신념과 행동을 자기 자신의 것으로 알고, 자기를 지배하는 규칙과 원칙을 가지고 있다. 학생들 스스로 자발적 규제를 정하여 책임을 다하는 모습을 보이는 데는 시간이 걸리며, 소통과 나눔의 과정이 필요하다. 이를 기다리지 못하고 체벌, 기합, 획일적 규제 등의 타율적 방법을 쉽게 동원했던 것이 이제까지 우리 교육 현장의 모습이었다. 학생인권조례가 시행되면서 교육 현장에서 학습지도와 생활지도에 많은 어려움을 겪고 있지만, 이것은 그 동안의 타율적 방법에 의존했던 교육에서 자율성을 신장하는 교육으로의 전환에서 나타나는 과도기적 현상일 것이다. 교육공동체 모두가 합심해서 이 어려움을 조속히 극복하려는 노력이 필요하다.

달콤한 교육은 빠른 시간에 효과가 나타나지만, 유익한 교육은 효과가 나타나기까지 오랜 시간이 걸릴 수 있다. 혹 우리들은 주입식 교육, 타율적 교육의 달콤함에 빠져 자기주도적 학습, 자율적 교육의 유익함을 인식하지 못하는 것은 아닐까?

그러나 분명한 것은 달콤한 교육은 지속적이지 못하고 더 이상 발전하기도 어렵지만, 유익한 교육은 지속적이면서 무한한 발전 가능성을 가지고 있다는 것이다.

교육은 '기다림'이다. 교육은 지금 당장 쓸모 있는 사람을 만드는 것이 아니라, 우리 아이들에게 미래를 살아갈 수 있는 힘을 길러 주는 것이다. 달콤한 교육에 매달리지 말고 유익한 교육을 위해 우리의 열정과 정성을 쏟아 보자.

(중부일보, 2011.03.04, 금요일, 19면)

36

먼저 할 교육, 함께할 교육

한 교사가 실험을 하며 학생들을 가르치고 있었다. 그는 커다란 항아리를 교탁 위에 올려놓고, 주먹만 한 큰 돌을 항아리 속에 하나씩 넣기 시작했다. 항아리에 돌이 가득차자 그가 "이 항아리가 가득 찼습니까?"라고 물었고, 학생들은 이구동성으로 "예" 하고 대답했다. 그러자 그는 "정말로?" 하고 되묻더니 교탁 밑에서 자갈을 꺼내 항아리에 넣고 흔들었다. 큰 돌 사이에 자갈이 가득 차자 그는 다시 물었다. "이 항아리가 가득 찼습니까?" 눈이 동그래진 학생들은 "글쎄요." 하고 대답했다. 그는 "좋습니다." 하더니 다시 교탁 밑에서 모래주머니를 꺼냈다. 모래를 항아리에 넣어 큰 돌과 자갈사이의 빈틈을 가득 채운 후에 다시 물었다. "이 항아리가 가득 찼습니까?" 학생들이 "아니요." 라고 대답하자 그는 "그렇습니다."라면서 물이 든 주전자를 꺼내서 항아리에 부었다. 물은 큰 돌과 자갈, 모래 사이로 스며들었다. "이 실험의 의미가 무엇이겠습니까?"라고 묻자 한 학생이 대답했다. "매우 바빠서 일정이 가득 찼더라도 노력하면 새로운 일을 그 사이에 추가할 수 있다는 뜻입니다.” 그는 “좋아요. 그런데 이 실험이 우리에게 주는 또 다른 의미는 큰 돌을 먼저 넣지 않으면 영원히 큰 돌을 넣지 못한다는 것입니다.”라고 말했다.

학창시절 한번쯤은 들어보았을 위의 예화를 행복닷컴에서 다시 접하며 소홀하면 영원히 할 수 없는 먼저 할 교육, 우리 모두 함께 할 교육에 대해 생각해 보았다.

첫째, 기초·기본교육이다. 모든 일에 기초·기본만큼 중요한 것은 없다. 그리고 학교는 ‘기초·기본’을 가르치는 곳이다. 현대가 고도의 지식과 기술을 요구한다고 해서 기초·기본을 무시하고 기교에 치우친다면, 처음에 잘못된 자세는 평생 고치기 힘들며 결코 지속적으로 성장할 수도 없다. 기초·기본이 탄탄한 바탕 위에서 예술성과 창의성이 나오기 때문이다. 학교는 기초·기본교육을 충실히 해서 평생을 행복하게 살아가는 밑바탕을 마련하도록 도와주는 곳이어야 한다.

둘째, 인성교육이다. 국제교육협의회(IEA)의 <국제 시민의식 교육연구> 자료 분석 결과 우리나라 청소년들이 ‘상대를 배려하며 조화롭게 살아가는 역량’면에서 최하위 수준으로 나타난 원인은 인성교육의 부재에 있다. 인성교육 부재의 폐해는 한 개인의 불행에서 그치는 것이 아니라 사회문제로 확대된다는 데 문제의 심각성이 있다. 교육의 본질은 사람을 사람답게 만드는 데 있고 그 중심에 인성교육이 있다. 인성교육은 학교, 가정, 지역사회가 함께 협력하여 일상생활 속에서 꾸준히 학습하고 체험하며 실천하여 내면화될 수 있도록 먼저 할 교육이며, 지속적이고 일관성 있게 개선의 지혜를 우리 함께 모아 가야 한다.

셋째, 자기주도적 학습능력을 기르는 교육이다. 우리 교육의 문제는 물고기 잡는 방법을 알려주기보다는 직접 잡아 손질하고 요리해서 입에 넣어 주는 주입식 방식이라는데 있다. 이런 교육에 길들여진 학생들의 더 큰 문제는 단순히 공부만 스스로 하지 않는 것이 아니라, 인생을 설계하고 어려움을 극복하는 인내력이 부족한 사람 즉 자신의 인생조차도 남에게 의지하며 사는 사람으로 성장하게 된다는데 있다. 주입식으로 답을 맞히는 기교보다 스스로 기본 개념과 근본 원리를 깨달아 가는 자기주도적 학습능력을 길러 주어야 한다.

농경사회, 산업사회를 거쳐 지식정보화사회에 머물렀던 우리 사회는 어떤 학자들에 의하면 스마트사회로 진입하고 있다고 한다. 스마트사회는 지식과 정보뿐만 아니라 기초·기본, 인성, 자기주도적 능력, 감성, 공동체 의식을 가진 인재를 요구하고 있다. 교육은 학생들의 무한한 잠재력을 이끌어 내어 그들이 가진 소질과 적성, 흥미를 스스로 계발하여 사람다운 삶을 살아갈 수 있도록 도와주고, 새로운 가치를 창조하여 미래사회가 요구하는 인재를 길러야 한다.

한 번 굳어진 인성, 습관이나 자세는 교정하기 어렵고, 어느 경우에는 영원히 불가능한 경우도 있다. 소홀하면 영원히 할 수 없는 먼저 할 교육에 우리 함께 지혜를 모아 밝은 미래를 열어 갈 창의인재를 육성해야 한다.

(중부일보, 2011.12.27, 화요일, 21면)

37

교육의 선순환 체제 구축을

생태계에는 기본 질서가 있다. 미생물은 식물의 먹이가 되고, 식물은 초식동물에게, 초식동물은 육식동물에게 먹이가 되며, 동식물은 다시 미생물의 먹이가 된다. 생태계는 이런 선순환을 통해 계속 유지되고 진화하며, 어느 단계에서 단절이 생기면 파괴되고 만다. 만약 수명을 다한 동식물이 미생물에 의해 분해되지 않고 대지위에 나뒹그러진 채로 쌓인다면 살아 있는 동식물 또한 생존할 수 없을 것이다.

생태계와 같이 우리 교육도 이제까지 거듭되어 온 악순환의 고리를 끊고, 선순환의 체제를 구축해야 발전할 수 있다.

첫째, 언어교육의 선순환 체제를 구축해야 한다. 언어는 그 사람의 성품을 비추는 거울인 동시에 성품을 형성해 나가는 틀이다. 그런데 우리나라 초·중·고 학생 가운데 욕설을 전혀 사용하지 않는 학생은 20명 중 1명으로 5.4%에 불과하다고 한다. 남녀, 성적, 모범생과 문제 학생을 불문하고 욕설은 이미 학생들의 일상적 언어이자 문화로 자리 잡고 말았다는 것이다. 더 심각한 것은 욕설을 하지 않는 학생은 소수로 전락해 바보 취급을 받기 때문에 왕따를 안 당하려면 욕을 해야 한다니, 언제부터 학교가 이렇게 뒤틀린 생존전략의 현장이 되었는지 매우 걱정스럽다. 우리 속담에 "가는 말이 고와야 오는 말이 곱다."는 말이 있다. 욕설이 빌미가 되어 학교폭력이 뒤따르는 악순환을 차단하고, 고운 말로 대화를 시작해서 감사와 나눔과 배려가 뒤따르도록 하는 언어의 선순환 운동을 전개해야 한다.

둘째, 인성교육의 선순환 체제를 구축해야 한다. 세 개의 컵에 물을 담아 놓고 첫째 컵에는 "악마! 너를 증오해 죽여 버리겠다."라고 써서 붙이고, 둘째 컵에는 "고맙습니다. 감사합니다.", 셋째 컵에는 "나는 너를 사랑해. 너는 너무 아름답다."라고 써서 붙여 놓은 결과, 첫째 컵의 물은 빛깔이 검게 썩었고, 둘째 컵의 물은 빛깔이 맑고 아름다운 결정체를 이루었으며, 셋째 컵의 물은 아름다운 파장과 고운 빛깔의 육각수 결정체를 이루었다고 한다. 이것은 '사랑의 주파수 파동'이 물의 파장에 영향을 미친 까닭이다. 신체의 60~70%가 물로 되어 있는 인간 또한 마찬가지다. 미워하거나 증오하면 몸속의 결정체가 첫째 컵의 물처럼 탁하여 모습도 추해지고 생명도 단축되며, 반대로 사랑하고 칭찬하면 둘째와 셋째 컵의 물처럼 우리 몸속 물의 결정체가 아름답게 만들어져 사람의 모습도 깨끗하고 오래 살 수 있다는 것이다. 어떤 학생이든지 장점과 단점이 있게 마련이다. 모범생이라고 해서 100% 장점만 있고, 문제 학생이라고 해서 100% 단점만 있지 않으며, 다만 정도의 차이만 있을 뿐이다. 따라서 장점이 나타날 때 아낌없이 칭찬해 주는 것이 인성교육의 첫걸음이다. 칭찬하면 바람직한 행동으로 선순환 되고, 칭찬받지 못하고 관심을 끌지 못하는 부적응 행동은 머지않아 소멸될 것이다. 이를 기다리지 못하고 질책하면 욕설은 욕설로, 폭력은 폭력으로 악순환될 뿐이다.

셋째, 공교육 정상화와 신뢰회복으로 사교육비를 경감시키는 선순환 체제를 구축해야 한다. 공교육을 정상화하기 위해서는 먼저 수업혁신을 통해 정규 교육과정의 근본적 변화를 이끌어 내고, 방과후학교의 질을 획기적으로 향상시켜 정규 교육과정을 보완해 주어야 한다. 이렇게 되면 공교육에 대한 학부모의 신뢰와 믿음이 회복되고, 이어서 사교육비 경감으로 선순환 될 수 있을 것이다.

누구나 악순환의 고리를 끊고 선순환으로 옮겨 탈 수도 있고, 선순환의 고리를 끊고 악순환으로 옮겨 탈 수도 있다. 중요한 것은 출발점이다. 좋은 습관은 선순환, 나쁜 습관은 악순환의 출발점이 된다. 따라서 선순환의 원인이 되는 좋은 습관을 가능한 많이 익히고, 악순환의 원인이 되는 나쁜 습관을 가능한 빨리 없애야 한다. 나는 잘할 수 있고, 나는 사회에 꼭 필요한 사람이라는 자신감을 갖고 좋은 습관 익히기에 노력함으로써 선순환으로 나아갈 수 있다. 우리 교육의 선순환 체제를 구축하여 밝은 미래를 열어 가는 창의인재를 육성해야 한다. 이것은 빠르면 빠를수록 효과적이고 사회적 비용을 줄일 수 있다.

(중부일보, 2012.01.26, 목요일, 21면)

38

절대가치를 창출하는 교육

소문난 명강사가 한 세미나에서 갑자기 10만 원짜리 수표 1매를 높이 쳐들고 말했다. “여러분! 이 수표를 갖고 싶은 사람은 손을 들어 보세요.” 그러자 참석한 많은 사람들이 손을 들었다. 강사는 “저는 여러분 중 한 분에게 이 수표를 드리겠습니다. 그 전에 제 손을 주목해 주시기 바랍니다.” 그리고는 손으로 수표를 마구 구기면서 “여러분! 아직도 이 수표를 갖고 싶으십니까?” 사람들은 갑작스런 강사의 행동에 놀랐지만 역시 많은 사람들이 손을 들었다. 강사는 “좋아요.” 그러더니 이번에는 수표를 땅바닥에 던지고 구둣발로 밟으며 더럽혔다. 그리고 수표를 집어 들어 아직도 이 수표를 갖고 싶은지 물었고, 대부분의 사람들은 또 다시 손을 들었다.

이때 강사는 힘찬 어조로 “제가 아무리 이 수표를 마구 구기고 발로 짓밟고 더럽혀도 그 가치는 전혀 줄어들지 않습니다. 여러분도 인생의 무대에서 여러 번 바닥에 떨어지고 밟히고 더럽혀지는 일이 있을 수 있습니다. 실패 또는 패배라는 이름으로 그런 아픔을 겪게 되면 대개 사람들은 자신이 쓸모없는 사람이라고 자포자기하고 맙니다. 그러나 놀라운 사실은 당신이 실패하는 한이 있더라도 당신의 가치는 여전하다는 것입니다. 마치 구겨지고 짓밟혀도 여전히 자신의 가치를 가지고 있는 이 수표처럼 말입니다."

행복닷컴에 소개된 이 예화에서 구겨지고 짓밟히고 더럽혀진 수표의 가치가 전혀 줄어들지 않는 것은 10만 원의 절대가치를 가지고 있기 때문이다.

절대가치는 다른 원리나 관계 따위를 떠나 그 자신만으로 타당성을 가지는 가치이다. 우리 교육 또한 비교, 유무, 희소의 기준으로 판단되는 상대가치보다는 불변의 절대가치를 창출하는데 역점을 두어야 한다.

첫째, 절대가치의 으뜸은 생명 그 자체이며, 인간의 존엄성이다. 교육과정에서 범교과 학습주제인 인성교육, 진로교육, 양성평등교육, 다문화교육, 문화예술교육 등이 그 각각을 보면 모두 중요하고 역점을 두어야 할 가치임에 틀림없다. 그러나 이 모든 가치들이 생명이 없다면 무슨 의미가 있을까? 생명이 있을 때 비로소 중요하고 가치 있는 주제들이다. 이에 비해 그 바탕이 되는 생명존중교육은 상대적으로 소홀하다. 범교과 학습주제에 들어 있지도 않고 단순히 생활지도에 의존하고 있다.

인생을 살면서 누구나 구겨지고 짓밟히고 더럽혀지는 실패를 경험할 수 있다. 그런데도 2011년 통계에 따르면 우리나라의 청소년 자살률은 OECD 국가 중 가장 높고, 2009년에는 202명으로 2008년보다 무려 47%나 급증했다. 뿐만 아니라 청소년 자살은 사망원인 1위로 교통사고, 암 등의 다른 원인은 감소하고 있는데도 점차 증가하고 있다. 최근 1년 사이 중·고교생 다섯 명 가운데 한 명꼴로 심각하게 자살을 생각했다는 조사 결과도 발표되었다. 이제는 생활지도 차원을 넘어 교육과정의 범교과 및 창의적 체험활동에서 생명존중교육을 강화하여 그 해법을 찾아야 한다.

둘째, 더불어 살아가는 능력이다. 다름은 틀림이 아니라 시각의 차이이다. 어떤 시각도 틀리거나 옳은 것이 아니라 자신이 처한 상황에서 바라본 것에 불과하다. 따라서 다른 사람의 가치관이 옳기 때문에 수용하는 것이 아니라 나와 함께 살아가야 할 사람의 생각이기에 받아들이려는 노력이 필요하다. 만약 생각이 다르다고 해서 적으로 규정하거나 친구의 명단에서 제외한다면 마지막 순간에는 본인 한 사람 외에는 남지 않을 것이다.

노선을 따라 움직이는 버스가 자주 다닐 때와 드물게 다닐 때, 어느 쪽에 손님이 더 많을까? 자칫 드물게 다닐 때 더 많을 것이라고 생각하기 쉬우나 실제로는 자주 다닐 때 많다고 한다. 사람들이 아무 때나 가도 항상 버스를 탈 수 있다고 생각하기 때문이다. 홀로 있는 음식점보다 모여 있는 음식점에 손님이 많고, 한 동밖에 없는 아파트보다 대규모 단지의 아파트가 비싼 것도 같은 이유일 것이다. 우리는 교육을 통해 더불어 살아가는 능력을 길러 주어야 한다.

모든 학문의 중심에는 인간이 있어야 하며, 무엇보다 사람 중심의 교육이 이루어져야 한다. 사람의 생명은 가장 소중하며, 사람은 더불어 살아가야 한다는 절대가치를 창출하는 교육으로 밝은 미래를 열어가야 한다.

(중부일보, 2012.02.21, 화요일, 20면)

39

무엇이 교육적 정의인가?

하버드대학 마이클 샌델(Michael J. Sandel, 1953~) 교수의 ≪정의란 무엇인가≫는 역사상 가장 인기 있는 강좌 중 하나로 꼽힌다. 샌델 교수의 강의 스타일은 일방적인 수업이나 지식의 암기가 아니라 실생활에서 누구나 경험할 수 있는 상황을 바탕으로 학생들에게 질문들을 던지고 끊임없이 상호작용하는 것으로 유명하다. 그런데 마이클 샌델 교수의 ≪정의란 무엇인가≫라는 강좌 내용이 우리나라에 책으로 소개되자 인문 서적으로는 이례적으로 베스트셀러가 되었고, TV 강좌인 EBS '하버드 특강-정의'는 자정시간대임에도 불구하고 높은 시청률을 보였다. 이는 우리나라 국민들이 그만큼 정의(justice)에 목말라 있고, 깨끗하고 정의로운 사회를 원하고 있음을 반증하는 것이기도 하다.

책 한 권과 방송 한 편으로 그동안 관심사에서 벗어났던 '정의'라는 개념이 공적인 장에 올라왔다는 것 자체가 큰 의미가 있다. 그러나 여기서 끝날 일은 아니다. 이런 경험을 통해 한국 사회가 부정의하다는 것에 대한 철저한 반성의 토대위에서 정의를 지속적으로 확산시키려는 노력이 뒤따라야 한다.

이런 점에서 '정의란 무엇인가'라는 큰 틀 속에서, 학교에서는 '무엇이 교육적 정의인가?'를 진지하게 고민해 보아야 한다. 정의는 나눔의 정의, 더불어 사는 삶의 정당함, 존재의 공정함을 뜻한다. '무엇이 교육적 정의인가?'라는 물음도 이 세 가지 측면에서 살펴볼 수 있다.

첫째, 나눔의 정의이다. 요즘 교육기부란 이름으로 21세기가 요구하는 창의적 미래인재 양성을 위해 기업·대학·공공기관 등 사회가 보유한 인적·물적 자원과 개인의 재능을 활용하여 다양하고 수준 높은 교육기회를 제공하는 교육 분야의 나눔 운동이 전개되고 있다. 교육주체가 학교·교사뿐만 아니라 기업·지역사회·민간봉사단체로 확대되고 있는 것이다. 나눔이 일회적이지 않고 지속적이며 생활 속에 깊게 자리 잡기 위해서는 교육을 통해서 모범적으로 실천되어야 한다는 점에서 매우 바람직하다. 나눔은 타고나는 것이 아니라 길러지며, 한번 몸에 배면 평생 생활화할 수 있는 습관이기 때문에 어려서부터 기부와 나눔에 동참하는 경험과 교육이 필요하다.

둘째, 더불어 사는 삶의 정당함이다. 앞으로 우리 자녀들이 살아가는 미래사회는 현재보다 더 다양화되고 복잡한 세계화, 다문화, 지구촌 사회가 되어 더불어 사는 공존의 가치가 더욱 중요해 질 전망이다. 교육의 궁극적인 목적이 아이들에게 미래를 살아갈 수 있는 힘을 키워 주는 것이라면, 더불어 사는 능력을 길러 주는 것이야 말로 우리 교육의 키워드가 되어야 한다. 가정에서는 함께 사는 가족, 학교에서는 친구와 선후배, 사회에서는 세상의 다른 사람의 삶에 좀 더 관심을 기울이도록 교육하여야 한다.

이를 위해 서로 소통하고, 다른 사람의 입장에서 생각해 보는 역지사지(易地思之) 체험과 봉사활동 같은 창의적 체험활동을 강화하여야 한다.

셋째, 존재의 공정함이다. 우리 모두는 제각각 다르면서 나 하나만 생각하면 전부이지만 동시에 세상이라는 큰 그림의 일부이기도 하다. 모든 존재는 그 나름으로 존재의 이유를 가진다. 학교의 교육공동체인 학생, 교직원, 학부모도 제각각 입장은 다르지만 존중되어야 할 존재의 이유가 있다. '당신은 사랑받기 위해 태어난 사람'이라는 노랫말처럼 우리 모두는 존재 그 자체로 사랑받을 권리가 있다. 그런데도 사랑의 온기 한 번 느껴 볼 기회 없이 무관심 속에서 청소년기를 보내야 하는 학교라면 결코 공정하고 정의로운 학교라고 할 수 없다.

교육은 미래를 준비하는 것이며 행복한 사회를 만드는 일이다. 행복한 삶은 정의를 통해서 실현되며, 이것은 누구나 그리는 꿈이고 교육의 근본이다. 우리 아이들에게 나눔과 더불어 사는 삶 속에서 스스로 자신이 소중한 존재임을 깨닫게 하는 것, 그리하여 인생은 살 만하다는 행복을 느끼는 기회를 주는 것이 기회균등의 출발점이다. 정의로운 학교문화가 모든 사람들에게 공평한 기회가 주어지는 정의로운 대한민국을 만들 수 있다.

(중부일보, 2012.04.02, 월요일, 20면)

40

성공적 삶을 열어 주는 교육

사람은 누구나 성공 지향적 욕구를 가지고 태어나기 때문에 성공적인 삶을 살고 싶어 한다. 그러면 성공이란 무엇을 의미하는 것일까? 많은 사람들은 부(富)를 이루는 것, 높은 명예나 직위를 얻는 것, 권력을 누리는 것, 유명하게 되는 것 등을 성공이라고 이야기하곤 한다. 한마디로 타인에게 보이는 그럴듯한 삶을 성공이라고 믿고 있는 것이다.

그러나 에머슨(Ralph Waldo Emerson, 1803~1882)의 <성공>이란 시를 보면 '자주 그리고 많이 웃는 것 / 현명한 이에게 존경받고 아이들에게서 사랑받는 것 / (중략) / 자기가 태어나기 전보다 세상을 조금이라도 살기 좋은 곳으로 만들어 놓고 떠나는 것 / 자신이 한때 이곳에 살았음으로 해서 단 한 사람이라도 행복해지는 것 / 이것이 진정한 성공이다.'라고 노래하고 있다. 다른 사람에게 보이는 그럴듯한 삶이 아니라 내 자신이 이루어 내는 행복한 삶을 성공이라고 보고 있는 것이다.

여기서 우리는 성공의 방향성에 대해 생각해 보아야 한다. 부(富), 명예, 권력 등을 성공이라고 여기면 더 많은 부

(富), 더 높은 명예와 권력을 쳐다보게 되어 만족을 느끼기가 쉽지 않다. 행복의 근원인 만족은 밖에서 주어지는 것이 아니라 안에서 느끼는 것처럼, 성공도 역시 밖에서 들어오는 것이 아니라 내면에서 누릴 수 있는 기쁨임을 인식해야 한다.

또한 대부분의 부모들은 자녀들이 공부를 잘해서 성공하길 바란다. 그러나 미국 보스턴대학의 헬즈만 교수팀이 성공에 가장 중요한 요인을 알아보기 위해 7세 어린이 450명을 대상으로 47세까지 40년간 추적 조사한 결과에 따르면 '다른 사람과 잘 어울리는 능력', '실패와 좌절을 대하는 태도', '감정을 조절하는 능력'이 성공에 가장 큰 영향을 미치는 것으로 밝혀졌다. 따라서 학교는 성공적 삶을 열어 주는 교육에도 관심을 기울여야 한다.

첫째, 다른 사람과 잘 어울리는 능력을 길러 주어야 한다. 소통에 있어 가장 중요한 것은 '다른 사람과 잘 어울리는 능력'이다. 그리고 이러한 친화력은 다른 어떤 능력보다 성공에 중요한 역할을 한다. 따라서 학교는 '사람들과 잘 어울리는 능력'을 길러 주는 데 역점을 두어야 한다.

둘째, 실패와 좌절을 대하는 의연한 태도를 길러 주어야 한다. 특히 부모들은 자신의 자녀가 성공하고 행복하기만을 바라며 작은 실패나 좌절에 매우 당혹스러워 한다. 그러나 진정으로 자녀를 사랑한다면 실패와 좌절을 두려워하기보다 슬기롭게 극복하는 방법을 가르쳐야 한다. 인생에서의 성공은 결국 실패와 좌절을 어떤 마음으로 대하고 이겨내느냐에 달려 있기 때문이다.

셋째, 감정을 조절하는 능력을 길러 주어야 한다. 감정은 좋고 나쁜 것이 없으며, 감정의 기복은 누구에게나 있다. 두려움, 분노, 불안, 걱정, 실망, 슬픔, 흥분과 같은 부정적 감정이라도 생존에 모두 필요하다. 두려움에서 안전을 생각하고, 분노에서 정의감이 생기는 것처럼 부정적 감정에서 긍정적 감정이 생성되기 때문이다. 따라서 우리 아이들에게 부정적인 감정을 적절히 조절하고, 긍정적인 감정으로 전환할 수 있는 능력을 길러 주어야 한다.

인생의 최대 관심사는 행복과 성공이며, 우리는 누구나 행복한 삶을 원하고 성공한 삶을 바란다. 단지 사람마다 가치관과 개성이 다르고, 각자 추구하는 삶의 목표가 다르기 때문에 성공을 보는 관점만 다를 뿐, 성공을 지향하며 사는 건 똑같다. 그리고 사람들이 성공을 꿈꾸는 이유는 성공하면 행복할 거라고 믿기 때문이다. 그러나 행복하면 성공했다고 할 수는 있어도, 성공하면 행복하다고 할 수는 없다. 행복하지 않은 성공은 공허하고 아무 의미가 없다. 이런 점에서 아이들에게 먼저 성공의 방향성을 정립해 주어야 한다. 그리고 다른 사람과 잘 어울리고, 실패와 좌절을 딛고 일어서는 의연함과 감정조절 능력을 길러 성공적인 삶을 열어 주어야 한다.

(경기일보, 2012.06.18, 월요일, 22면)

41

한 줄 교육, 여러 줄 교육

사람이 혈액순환에 이상이 생기면 건강을 잃게 되고, 사회나 국가도 유통구조에 이상이 생기면 여러 폐해가 나타난다. 우리 교육이 안고 있는 가장 큰 문제도 병목현상이다. 대부분의 학부모들은 자녀를 일류대학에 입학시키고, 졸업 후에는 출세가 보장되는 곳에 취업하기를 바란다. 그러나 일류대학이나 일류직업에서 수용할 수 있는 인원에 비해 희망자가 더 많기 때문에 병목현상이 생기고, 이것을 통과하기 위해 수단과 방법을 가리지 않는데서 여러 부작용이 발생되고 있다.

교육의 사전적 의미는 '인간의 가치를 높이는 과정 혹은 방법'이란 뜻으로, 라틴어의 'educatio'에서 유래하였으며, '내면의 것을 끌어낸다'는 의미를 가지고 있다. 인간은 누구나 한 가지 이상의 소질을 갖고 태어나며, 빨리 찾아 계발하여 세상을 밝히는 능력으로 만드는 것이 교육의 역할이다. 따라서 교육은 다양한 잠재능력을 지닌 아이들이 자신의 능력을 마음껏 발휘할 수 있도록 여러 줄로 이루어져야 한다. 각자 얼굴이 다른 것처럼 사람들이 가진 잠재능력이 다양하고 우리 사회가 필요로 하는 능력도 다양하다. 그런데 사람과 사회를 연결하고 있는 교육만이 공정이라는 이름으로 한 줄 세우기 교육을 하고 있다. 지식보다 기능, 창의성, 도덕성, 감성이 더 필요한 영역에서도 지적 능력으로 줄을 세워 우열을 가리고 판단하고 있다. 이제는 한 줄로 세우는 획일성 교육에서 벗어나 여러 줄로 세우는 다양성 교육으로 전환되어야 한다.

타고난 능력에 따라 저마다 독특한 삶을 살아갈 수 있도록 길을 열어 주는 학생중심의 여러 줄 세우기 교육에서 다음과 같은 변화를 기대할 수 있다.

첫째, 자기주도적 학습력을 길러 줄 수 있다. 자기주도적 학습은 학습목표, 학습수준, 학습내용, 학습방법, 학습평가기준 등이 처음부터 끝까지 학습자에 의해서 결정되고, 그 결정의 기초를 학습자 개인의 가치, 욕구, 선호 등에 두기 때문에 많은 노력과 인내, 기다림이 필요하다. 이것은 싫어하는 아이에게 억지로 강요하지 않고 자기 스스로를 위해 즐겁게 학습하게 하는 것이며, 학생중심의 여러 줄 교육이 자기주도적 학습력을 길러 줄 수 있다.

둘째, 내실 있는 진로교육이 가능하다. 진로교육은 학생 스스로가 흥미와 관심을 가지고 직업의 세계를 탐색하고 선택하여 적응할 수 있는 능력을 기르는 일이므로 다양한 방법으로 접근하여야 한다. 학교는 다양성을 인정하는 여러 줄 세우기 교육으로 아이들이 스스로 꿈과 진로를 찾아내고 미래에 도전할 수 있도록 내실 있는 진로교육을 해주어야 한다.

셋째, 특기적성교육을 활성화 할 수 있다. 여러 줄 세우기 교육 차원에서 도입된 방과후학교 특기적성교육이 위기를 맞고 있다. 2007년에 43% 대 57%이었던 교과와 특기적성 프로그램 비율이 2011년에는 66.9% 대 33.1%로 나타났고, 교과를 중시하고 특기적성을 소홀히 여기는 현상은 점점 더 심화될 것으로 보인다. 여러 줄 세우기 교육은 학생들 각자의 특기와 적성을 살리고, 자아를 실현할 수 있도록 도와준다.

넷째, 사교육비를 경감시킬 수 있다. 지난해에도 20조 1천억 원의 엄청난 사교육비가 발생된 것은 많은 학부모들이 조금이라도 더 앞에 자기 자녀를 세우기 위한 한 줄 교육의 부작용이다. 아이들은 다양성의 존재이고 각자 삶의 방향이 다르며, 경쟁관계가 아니라 서로 협력해야 할 관계이다. 이를 인정하는 여러 줄 세우기 교육이 공교육을 혁신하고 사교육비를 경감시킬 수 있다.

인간이 추구하는 최고의 가치는 행복이며, 행복이란 생활 속에서 기쁘고 즐겁고 만족을 느끼는 상태이다. 학교는 모든 학생들에게 자신의 잠재능력을 최대한 계발할 수 있도록 도와주고 그 과정에서 기쁨과 즐거움, 만족감을 느낄 수 있도록 해주어야 한다. 우리의 미래는 교육에 달려 있으며, 미래의 대한민국이 행복하려면 학생이 행복해야 한다. 학생중심의 여러 줄 세우기 교육으로 우리 아이들에게 행복한 삶을 열어주어야 한다.

(인천일보, 2012.07.27, 금요일, 11면)

42

선행학습의 불편한 진실

몇 해 전 다섯 살 지능을 가진 스무 살 청년의 이야기인 <말아톤>이라는 영화가 상영된 적이 있다. 자폐아 초원은 행동이나 말투는 다섯 살 어린애에 머물러 있지만 어린 시절부터 달리기를 유난히 좋아한다. 엄마는 자신의 목표를 아들 초원의 '마라톤 서브 쓰리 달성'으로 정하고 아들의 훈련에 매진한다. 전직 유명 마라토너 코치를 만나서 본격적으로 훈련에 들어가지만, 초원은 대회 때마다 속도조절의 실패로 지쳐 쓰러지곤 한다. 그때 출발신호가 떨어지자마자 앞서 달리는 초원에게 코치는 "초원아, 천천히! 천천히!"라고 외친다. 결국 초원이는 초반의 속도조절에 성공하여 42.195km를 2시간 57분 7초에 완주하며 서브 쓰리를 달성한다.

교육은 마라톤 경기에 비유할 수 있다. 교육은 초반에 성적이 향상되고 좋은 학교에 입학하는 것에 중점을 둘 것이 아니라, 불확실한 미래를 살아갈 수 있는 힘을 길러 주는 데 중점을 두어야 한다. 그런데 많은 학부모들이 초반에 다른 자녀보다 앞서기 위해 사교육에 매달리고 있다. 누구에게나 공평한 기회가 주어지는 공교육에 만족하지 못하고, 학교 공부만으로는 다른 자녀를 앞설 수 없다고 생각한다. '천천히! 천천히!'가 아니라 '빨리! 빨리!'를 외치고 있는 것이다. 그러나 분명한 것은 '빨리! 빨리!'는 단거리 경기 또는 장거리 경기라도 결승선에 가까울 때의 응원이지 마라톤 경기 초반에 할 응원은 아니다.

그리고 문제는 대부분의 사교육이 선행학습으로 이루어지는 데 있다. 학부모들은 학교 진도에 앞서 1개월 이상, 또는 학기와 학년을 뛰어넘어 교과 과정을 미리 배우는 선행학습이 자녀의 성적향상이나 상급학교 진학에 도움이 될 거라는 막연한 기대감을 갖고 있다. 이로 인해 70%가 넘는 학생들이 선행학습에 참여하여 연간 20조 1천억 원의 사교육비를 발생시키고 있는 것이다. 하지만 2002년 한국교육개발원의 <선행학습 효과에 관한 연구>는 학년이 올라갈수록 선행학습을 한 학생들이 그렇지 않은 학생들에 비해 성적이 떨어지는 것으로 나타났다.

교육은 인지발달 단계에 맞게 적합한 시기에 이루어져야 한다. 따라서 관심이나 호기심에서 개인 스스로 하는 예습이나 선행학습을 넘어, 학원이나 교습소 등 각종 사교육 기관이 제공하는 선행학습은 다음과 같은 불편한 진실이 숨겨져 있다.

첫째, 미리 배우고 학교에서 다시 반복하여 공부하면 시험에 더 유리할 거라는 기대감에서 출발하지만, 선행학습을 한 학생들은 이미 배웠기 때문에 학교 수업에 집중하지 못하고 학습에 대한 흥미를 상실한다. 선행학습이 오히려 아이들의 학습의욕과 집중력, 호기심을 저하시켜 잠자는 교실을 만들고 있는 것이다.

둘째, 다른 애들은 다 하는데 나만 안 하면 뒤처지지 않을까 하는 불안감에서 상위 학년에서 해야 할 어려운 내용을 미리 학습하다 보니, 공부는 어려운 것, 지겨운 것, 혼자 할 수 없는 것과 같은 부정적인 감정만 생기게 되고 스트레스를 받게 된다.

셋째, 다인수 학급에서 학생들의 개인차는 엄연히 존재한다. 여기에 선행학습을 한 학생과 그렇지 못한 학생의 차이가 더해지면 교사가 수업을 할 때 혼란을 겪게 되어 수업이 더 어려워진다. 따라서 사교육이 의미 있으려면 선행학습이 아니라 심화·보충학습으로 공교육을 보조하는 기능에 충실하여야 한다.

독일의 심리학자 에빙하우스(Hermann Ebbinghaus, 1850~1909)에 따르면 시간의 흐름에 따라 감소하는 인간의 기억을 장기기억으로 영구히 보존하기 위해 망각곡선의 주기에 따라서 적절한 시점에 적절한 반복이 중요하다고 한다. 학습(學習)이란 배우고 익힌다는 말 그대로, 배우기만 하고 익히는 과정이 없으면 배운 것을 자기 것으로 만들 수 없다. 선행학습이 중요한 것이 아니라 지금 배우는 단원에 대해 보충하거나 깊은 수준으로 이해하는 것이 더욱 중요하다.

(경기일보, 2012.12.05, 수요일, 22면)

43

잘하는 것, 좋아하는 것

요즘 상영되고 있는 영화 <페이스메이커>는 평생 다른 선수의 페이스 조절을 위해 뛰어온 한 마라토너가 생애 처음으로 오직 자신만을 위한 42.195km 꿈의 완주에 도전하는 이야기를 그리고 있다. 주인공 주만호는 30km까지는 대한민국에서 어느 누구보다 잘 달리지만 그 이상은 달릴 수 없는 페이스메이커로, 어려운 환경 속에서도 마라톤 완주라는 꿈을 잃지 않고 끊임없이 노력하는 인물이다. 주인공의 역할을 맡은 배우 김명민은 무대인사에서 "여러분들이 '내가 지금 좋아하는 것을 하고 있는지, 잘하는 것을 하고 있는지'에 대해 스스로에게 질문해 보셨으면 좋겠다." 면서 "저는 잘하는 것보다는 좋아하는 것을 하고 있고, 그것을 잘할 수 있도록 최선을 다하고 있다."는 말로 관객들에게 깊은 인상을 심어 줬다.

인생을 살면서, 많은 사람들은 '잘하는 것'과 '좋아하는 것' 중 한 가지를 선택해야 하는 기로에 선다. 이때 '잘하는 것'과 '좋아하는 것'이 일치되는 사람은 이 문제를 간

단히 해결하며, 이것이야 말로 가장 확실한 성공의 열쇠가 되지만 이런 경우는 흔하지 않다.

만약 '잘하는 것'과 '좋아하는 것' 중 한 가지만을 선택해야 한다면 <페이스메이커> 주인공의 삶을 눈여겨볼 필요가 있다. 주인공에겐 다른 선수의 페이스 조절을 위해 뛰어 주는 '페이스메이커'는 그 누구보다도 '잘하는 것'이었다. 반면 마라톤 풀코스를 완주하는 것은 '좋아하는 것'이었다. 평생 남을 위해 희생했던 그이지만, 이젠 자신을 위해 완주해보고 싶어졌다. 하지만 완주를 고집할 경우, 선수 생명은 끝나고, 더 이상 달리지 못할 수도 있다. 그래도 주인공은 이 모든 위험을 무릅쓰고 완주에 도전한다. 물론 사람이 좋아하는 것만 하면서 살고 싶은 욕심을 모두 채울 수는 없다. 실제로 기성세대는 결코 즐겁지 않고 하기 싫어도 가족의 생계수단으로 먹고 살기 위해 일하면서 살아왔다. 그리고 죽음에 임박하면 75% 이상의 사람이 공통적으로 '하고 싶은 것을 하고 살지 못한 것'을 후회한다고 한다. 이제 뒤늦게 후회하지 말고, 한번쯤은 오로지 나를 위해 좋아하는 것에 매달려 보자. 그리고 우리 아이들에게는 '잘하는 것'보다 '좋아하는 것'을 선택해서 즐기면서 할 수 있도록 해주자.

문제는 다음의 경우이다. 학생들이 가장 많이 하는 질문 중 하나는 "아무리 생각해도 저는 잘하는 것도, 좋아하는 것도 없는 것 같아요. 저는 앞으로 어떻게 해야 할까요?" 이다. '잘하는 것'과 '좋아하는 것'을 찾아내는 손쉬운 방법은 적성검사나 흥미검사 등의 심리검사 결과를 통해 정보를 얻는 것이다. 하지만 심리검사만으론 자신이 '잘하는 것'과 '좋아하는 것'을 찾기 힘들 때도 있다. 이때는 일상생활의 세심한 관찰이 '잘하는 것'과 '좋아하는 것'을 찾는 일에 도움이 될 수 있다. 아이가 좋아하고 잘하는 과목을 살펴보거나 취미생활을 통해 '잘하는 것'과 '좋아하는 것'을 발견할 수 있다. 때로는 일상생활의 사소한 장점들이 '잘하는 것'과 '좋아하는 것'으로 발전하기도 한다.

교육자인 우리들이 아이들에게 가장 먼저 해주어야 할 일은 일상생활의 세심한 관찰을 통해 방향을 제시해 주는 것이다. 성공한 사람들이 "당신은 어떻게 이렇게 성공할 수 있었습니까?"라는 질문에, "○학년 때 선생님께서 제 이름을 다정하게 불러 주시면서 '너는 이 분야에 뛰어난 재능이 있는 것 같아. 열심히 하면 틀림없이 훌륭한 사람이 될 거야.'라고 격려해 주셨는데, 그 한 말씀이 오늘의 저를 있게 했습니다."라는 말을 하는 경우가 많다. 참으로 의미 있는 말이다. 우리 어른들은 아이들에게 이 한마디를 해줄 수 있어야 한다.

"천재는 노력하는 사람을 이길 수 없고, 노력하는 사람은 즐기는 사람을 이길 수 없다."는 말처럼 많은 위대한 사람들은 한결같이 자신이 했던 일이 즐거웠을 뿐이라고 이야기하곤 한다. 우리 아이들이 다양한 학습경험을 통해 가장 '좋아하는 것'을 선택하고 즐겁게 집중할 수 있도록 도와주어야 한다.

(중부일보, 2012.02.09, 목요일, 25면)

44

2500년의 대한민국?

변화를 설명하기에 적절한 사례로 '삶아진 개구리 증후군' 현상이 있다. 미국의 한 대학 실험실에서 있었던 일로, 실험자는 가열램프를 설치하고 그 위에 큰 실험용 비커를 올려놓는다. 비커에 찬물을 2/3쯤 넣고 그 안에 개구리 한 마리를 넣은 다음 램프에 불을 붙여 천천히 가열시킨다. 개구리는 잠시 주변을 두리번거리더니 이내 안심한 듯 움직이기 시작했고, 시간이 지나면서 점점 따뜻해지는 수온을 즐기기라도 하듯 신나게 헤엄치며 돌아다닌다. 잘 놀고 있던 개구리가 어느 순간 갑자기 이상한 느낌을 받았는지 몸동작이 빨라지면서 비커를 빠져나가려고 안간힘을 썼다. 그러나 이미 때는 늦어 밖으로 탈출하지 못하고 비커 안에서 삶아진 채로 죽고 만다는 것이다.

지난 2010년 삼성경제연구소의 <저출산 극복을 위한 긴급 제언> 보고서에 따르면, 2009년 한국의 합계출산율(1.15명)은 OECD 선진국 중 가장 낮으며, 이러한 추세가 지속된다면 2100년에는 총인구가 2,468만 명으로 줄어들고, 2500년에는 2010년 인구의 0.7%인 33만 명으로 축소되어 한민족이 소멸하고 한국어도 사라진다고 전망하고 있다. 저출산을 극복하지 못하면 '삶아진 개구리 증후군' 처럼 삼성경제연구소의 전망이 현실화될 수도 있다.

그런데 우리나라 여성들이 출산을 기피하는 원인으로 양육문제와 사교육비 부담이 가장 큰 비중으로 나타났다. 따라서 이에 대한 대책 마련이 시급하다.

첫째, 안전하고 질 높은 돌봄교실이 확대되어야 한다. 2011년 6월 현재 전국 5,430개 초등학교에서 124,013명에게 돌봄 서비스를 제공하고 있다. 그러나 저소득층 맞벌이 부부나 조손가정, 한 부모 가정이 늘면서 방임 아동이 100만 명을 넘고 있어 돌봄교실 확대가 시급한 실정이다. 수요가 있는 모든 초등학교에서 돌봄교실을 운영하고, 대상 학년도 전체 학년으로 확대하며, 토요 돌봄교실도 운영하여 주5일 수업이 시행되더라도 학교의 문은 열려 있어야 한다. 특히 이른 아침부터 저녁 늦게까지 일하는 저소득층 및 맞벌이 가정 학생들을 위해 연중 아침, 오후, 저녁 등 온종일 서비스를 확대하고, 농산어촌과 도시 저소득층 밀집지역의 돌봄교실에 대한 지원이 확대되어야 한다.

둘째, 돌봄교실 운영이 내실화되어야 한다. 장시간 학교에 머무는 학생들이 즐겁게 참여할 수 있도록 질 높고 다양한 프로그램을 개발하고, 친환경 저녁급식을 제공하며, 아픈 아동의 간호활동과 밤늦은 시간 안전귀가 대책도 필요하다. 특히 따뜻하고 안전한 보살핌이 이루어질 수 있도록 돌봄 강사의 신분이 보장되어야 한다.

셋째, 공교육을 내실화하여 사교육비를 경감시켜야 한다. 우리 국민의 사교육비 부담은 국내총생산 대비 세계 1

위로, 방치하면 심각한 사회문제가 될 것이다. 특히 사교육비는 가계지출을 증가시키고, 여성인력을 산업현장으로 내몰아 저출산의 주요 원인으로 작용하고 있다. 공교육 정상화와 사교육비 경감은 출산율을 높이기 위해서도 반드시 해결해야 할 과제인 셈이다. 사교육비 경감을 위해서는 정규 교육과정 내실화, 정규 교육과정 보완을 위한 방과후 학교 활성화, 교육과 돌봄 기능 수행을 위한 에듀케어링체제(edu-caring system) 구축 등을 통해 학교교육의 틀을 바꾸고 공교육을 내실화하여야 한다.

변화란 어느 날 갑자기 다가오는 것이 아니라 전혀 눈치채지 못하게 느린 속도로 진행되기 때문에 많은 사람들은 비커 안의 개구리처럼 그 사실을 모른 채 살아간다. 변화는 끊임없이 계속되지만 서서히 진행되기 때문에 간파하지 못하고 있다가 정작 변화가 도래했음을 알 때는 이미 늦어 버린 경우가 많다. 저출산 문제 또한 모두 재앙이라고 말하지만 지금 재앙이라고 느낄 수 있는 현상은 별로 없다. 하지만 지금 대비하지 않으면 대안을 찾을 수 없는 무서운 재앙이 될 것이다.

교육을 기능적으로는 사회의 재생산이라고 정의하며, 교육을 통해 변화하는 미래사회에 대비해야 한다. 2500년의 대한민국을 지키기 위해 머리를 맞대고 우리 모두 함께 지혜와 힘을 모아야 한다.

(중부일보, 2012.01.11, 수요일, 21면)

45

미래사회 변화 대비 '세대별 맞춤형' 직업교육을

미래학자 앨빈 토플러는 "한국 학생들은 하루 15시간 동안 학교와 학원에서 미래에 필요하지 않은 지식과 존재하지도 않을 직업을 위해 시간을 낭비하고 있다."고 했다. 현재의 학생들이 갖게 될 직업의 60%는 미래에 새로 생길 직업일 것이라는 말을 생각하면 귀담아 들어야 할 비판이다.

10~20년 후, 미래사회에 펼쳐질 직업세계는 상상 이상으로 다양할 것이다. 한국고용정보원에서 발간한 2012년 한국직업사전에 따르면, 10년 전에 비해 선진국형 산업인 IT 등에서 1천300여개의 새로운 직업이 생겼고, 세계미래학회는 25년 후의 인기직업으로 인공지능기술자 등 미래에 생길 직업들을 전망하고 있다. 이처럼 직업은 산업 환경의 변화에 따라 소멸 또는 생성된다.

직업이란 생계수단을 넘어 자아실현과 자기정체성 확립의 원천이며, 유능한 직업인 육성은 교육의 중요한 기능이다. 그런데 기업이 우수인재를 뽑아도 많은 예산을 들여 연수를 시켜야 하는 것이 우리 직업교육의 현주소이다. 우리 교육의 시급한 과제는 바른 직업교육의 방향정립과 실천이다.

그러기 위해서 먼저, 세대별 맞춤형 직업교육이 이루어져야 한다. 2012년 한 조사에 따르면 초등학생 희망 1위 직업은 공무원으로, 초등학생의 희망직업으로는 수긍하기 어렵다. 지금의 학생들이 진출하게 될 미래사회의 시차를 고려한 세대별 맞춤형 직업교육이 이루어져야 한다.

다음은, 모든 교과목에 직업준비가 녹아들어 가야 한다. 미래의 직업세계에서 필요한 기본소양, 전공실기능력 등을 갖추도록 교과활동과 동아리활동이 활발히 전개되어야 한다.

마지막으로, 서로 윈윈(win-win)하는 실질적 산학협력을 확대해야 한다. 학교는 산업체에서 직업인으로 필요한 인성교육과 직무기술교육을 실시하고, 산업체는 학교에 현장실습기회 등을 제공해야 한다. 이를 위해 1교 1사 매칭체제를 구축하는 것도 좋을 것이다.

미래사회에는 변화속도가 빨라 많은 직업이 사라지거나 새로 생기고, 하나가 아닌 여러 직업으로 삶을 영위하게 될 것이다. 따라서 청소년 직업교육은 먼 미래의 관점에서 무한상상으로 스스로의 직업을 만들어 꿈과 끼를 키울 수 있게 이루어져야 한다. 남들이 부러워하는 직업보다는 타고난 소질을 살려 자기가 하는 일에 만족하고 행복하게 살 수 있게 해주어야 한다. 이를 위해 교육과정과 교육프로그램의 다양화를 통해 직업 선택 교육에서 직업 창출 교육으로 그 중심이 옮겨져야 한다.

(경향신문, 2013.04.23, 화요일, 29면)

46

직업 선택 교육, 직업 창출 교육

미래학자 앨빈 토플러(Alvin Toffler, 1928~)는 "한국의 학생들은 하루 15시간 동안 학교와 학원에서 미래에 필요하지 않은 지식과 존재하지도 않을 직업을 위해 시간을 낭비하고 있다."고 비판했다고 한다. 오늘날 학교에 다니는 학생들이 갖게 될 직업의 60%는 현재는 존재하지 않고 미래에 새롭게 생겨날 직업이 될 것이라는 말을 생각하면 앨빈 토플러의 비판을 귀담아 들어야 한다.

미래사회는 무엇보다 빠른 변화속도를 특징으로 하고 있다. 변화가 거의 없던 옛날에도 "10년이면 강산도 변한다."는 말이 있었는데, 우리 아이들이 사회에 진출하게 될 5년, 10년, 20년 후의 미래에 펼쳐질 직업세계는 상상 이상으로 다양할 것이다. 실제로 한국고용정보원에서 발간한 2012년 한국직업사전에 따르면, 10년 전과 비교해서 선진국형 산업인 IT, 바이오, 에너지 등에서 1천300여 개의 새로운 직업이 생성되었다고 한다. 그런가 하면 세계미래학회는 향후 25년 후의 인기직업으로 인공지능기술자, 직업개발자, 수중 문화설계자, 섬유광학 기술자, 레저시간 컨설턴트, 융합기술 전문가, 신물질활용 전문가, 영상 검진 전문가, 수중 고고학자, 생체의학 기술자, 이미지 컨설턴트 등을 전망하고 있는데, 이는 현재는 존재하지 않는 직업들이 대부분이다. 이처럼 직업은 산업 환경의 변화에 따라 마치 생물처럼 소멸되기도 하고 생성되기도 한다.

현대사회에서 직업이란 생계의 수단을 넘어 자아를 실현하고 자기 정체성을 확립하는 원천이기도 하다. 이런 점에서 유능한 직업인 육성은 교육의 본질적 기능과는 관련 없다고 생각하기보다, 모든 학습자는 결국 직업 인식과 탐색, 직업 선택과 준비라는 삶의 과정을 거치게 된다는 발상의 전환이 필요하다. 기업이 높은 경쟁률을 통해 우수한 인재들을 뽑아도 많은 예산을 들여 장기간의 신입사원 연수과정을 거쳐야 하는 것이 우리 직업교육의 현주소이다. 따라서 우리 교육의 시급한 과제는 바른 직업교육의 방향을 정립하고 실천하는 것이다.

청소년 대상의 바른 직업교육은 먼저, 세대별 맞춤형 교육이 이루어져야 한다. 2012년 모방송사가 초등학생 1천 명을 대상으로 설문조사하여 퀴즈프로그램을 통해 방송한 장래희망 1위 직업은 공무원이었다. 이는 응답자가 대학생이나 성인이라면 몰라도 초등학생의 장래희망으로는 수긍하기 어려우며, 세대별 맞춤형 직업교육의 부재에서 비롯된 결과로 생각된다. 현재와 초·중·고학생들이 사회에 진출하게 될 미래의 시차를 고려하여 대학생이나 성인과는 다른 세대별 맞춤형 직업교육이 이루어져야 한다.

다음은, 모든 교과목에 직업준비가 녹아들어 가야 한다. 특정 교과가 아닌 전 교과의 교육과정과 학습내용이 실생활에 어떻게 쓰이는지 밝혀져야 한다. 미래의 직업세계에서 필요한 기본소양, 전공 실기능력은 물론이거니와 의사소통능력, 문제해결능력, 정보처리능력 등을 갖추도록 교과활동과 취업중심 동아리 활동이 활발히 전개되어야 한다.

마지막으로, 실제적인 산학협력을 확대해 나아가야 한다. 산학협력은 학교와 산업체가 서로 윈윈(win-win)하는 것이다. 학교는 산업체에서 직업인으로 필요한 인성교육과 직무기술교육을 실시하고, 산업체는 직무기술내용과 산학겸임교사, 현장실습기회 등을 학교에 지원해야 한다. 이를 위해 1교 1사 매칭 체험체제를 구축하는 것도 좋은 방법일 것이다.

미래사회에는 산업의 발달속도가 빨라지면서 사라지거나 새롭게 생겨나는 직업이 매우 많고, 하나의 직업으로 살아가기보다는 여러 직업으로 삶을 영위하게 될 것이다. 따라서 청소년 직업교육은 성인들처럼 현재와 현실중심의 좁은 틀에 맞추기보다, 먼 미래의 관점에서 마음껏 상상하며 스스로의 직업을 만들어 꿈을 키울 수 있게 이루어져야 한다. 남들이 부러워하는 직업보다는 타고난 소질을 살려서 자기가 하는 일에 만족하고 행복감을 맛보며 보람 있게 살 수 있게 해주어야 한다. 이를 위해 교육과정과 교육프로그램의 다양화를 통해 직업 선택 교육에서 직업 창출 교육으로 그 중심이 옮겨져야 한다.

(경향신문, 2013.04.23, 화요일, 29면 글의 원문)

제4부

생방송 오늘의 명상

1999년 KBS 제1라디오에는 〈생방송 오늘〉이라는 프로그램이 있었습니다. 지난해까지 근무했던 수원 매산초등학교에서 졸업논문쓰기를 지도한 적이 있어서인지, 〈생방송 오늘〉 작가로부터 방송 중간에 ≪명상의 글≫을 써 달라는 부탁을 받고 보낸 원고들을 모아 보았습니다.

당시의 글에는 "용인 포곡초등학교 정종민 선생님이 보내 주신 글입니다."라고 시작되었고 별도의 제목은 없었는데, 이번에 책에 삽입하면서 제목을 붙였습니다. 대부분 방송되었으나 몇 편 방송되지 않은 글도 있으며, 글의 내용에 따라서는 아이들의 이름을 가명으로 사용하였습니다.

47

장애체험

지난 4월 20일 장애인의 날에 우리 반에서는 좀 색다른 학습을 했습니다. 장애자를 진정으로 이해하기 위해서는 장애의 불편함을 직접 체험해 보는 것이 중요하다는 생각에서였지요.

첫 시간은 국어 시간이었는데 왼손으로 글씨를 썼어요. 물론 왼손잡이인 아이는 오른손으로 쓰고요.

"선생님, 선생님. 글씨가 잘 안 써져요." 오른손으로 쓰는 글씨도 서툰 1학년 아이들은 저마다 아우성이었습니다.

이어서 둘째 시간에는 저와 아이들의 입에 종이테이프를 붙이고 말없이 손짓 발짓으로 공부하기, 셋째 시간에는 안대로 눈 가리고 공부하기, 그리고 넷째 시간의 솜으로 귀 막고 공부하기까지 하루 네 시간 공부를 모두 마치고 저마다 느낀 점을 발표했습니다.

"불편하고 힘들어서 혼났어요. 앞으로 몸이 불편한 친구들을 친절하게 보살펴 주고 사이좋게 지낼 거예요." 평소 말이 없던 경진이가 무척이나 힘들었나 봅니다.

"오늘 장애자들이 얼마나 불편한지 알았어요. 앞으로 장애자를 보면 그냥 가지 않고 꼭 도와주겠습니다." 철부지였던 성호가 갑자기 의젓해 보였습니다.

"정말 답답했어요. 보고 싶은 엄마 얼굴도 볼 수 없는 장애 친구들이 불쌍해요. 우리가 사랑해 주어야겠어요." 전학 온 날 집에 가고 싶다고 막무가내로 울기만 하던 지은이가 오늘은 어른처럼 느껴졌습니다.

"장애자는 너무너무 힘들겠어요. 불편한 장애자를 도와주는 날이면 저도 즐거운 하루가 될 것 같아요." 남주의 말은 더불어 사는 삶이 우리에게 얼마나 보람 있는 삶인지를 다시 생각해 보게 하였습니다.

"장애자는 너무 힘들 것 같아요. 장애자를 위해 열심히 기도해 주겠어요." 성당의 주일 학교에 열심히 다니는 경희의 다짐입니다.

부모님들의 손에 이끌려 입학하던 날, 모든 것이 낯설어 어리둥절한 모습에 보는 이의 웃음을 자아냈었는데, 불과 두 달도 안 되는 학교생활에서 아이들의 마음의 키는 부쩍 자라 있었습니다.

과연 아이들이란, 마치 어디로 튈지 모르는 럭비공처럼 어른의 잣대로 잴 수 없는, 다만 천진할 따름의 '의외성'의 존재가 아닐까요?

48 부모의 마음

15년 전 평택중앙초등학교에 근무할 때의 일로 기억됩니다. 학부모 중에 한 분이 아이의 학교생활에 대해 유별나게 관심이 많았습니다.

주로 전화를 이용하거나 학교에 찾아오셔서 아이의 학교생활에 대해 물어보시고, 우리 영진이가 말을 안 들으면 때려 달라는 부탁을 잊지 않았습니다. 본래 영진이는 말썽을 부리는 아이도 아니고 재능이 뒤떨어지는 아이도 아닌 보통의 아이였습니다. 그러나 다음에 또 영진이 어머니께서 영진이의 학교생활에 대해 물어보실 것을 생각하고 관심을 가지고 학습 상황도 살피고 귀여워 해주었는데 그것이 화근이 될 줄은 몰랐습니다.

선생님께서 나를 특별히 예뻐해 주신다고 생각했는지 영진이가 무엇이든 적당히 넘어가려는 이상 행동을 보이기 시작했습니다. 처음에는 말로 타일렀지만 영진이의 이상 행동은 계속되어 학습을 소홀히 하고, 역할분담 활동을 게을리 하였으며, 여자 아이를 괴롭히기까지 했습니다. 영진이의 이상 행동을 그냥 넘겨선 안 되겠다는 생각에 어느 날 공부 시간에 장난만 치고 있는 영진이를 불러내 호되게 꾸짖으며 발바닥을 서너 대 때려 주었습니다.

그런 일이 있은 후 영진이 어머니께서 전화를 하셨는데 항상 혼내 달라고 부탁을 했기에 틀림없이 "아주 잘 때려 주셨어요. 다음에도 잘못하면 혼을 내주세요." 하고 말씀하실 줄 알았습니다. 그러나 영진이 어머니의 말씀은 너무나 뜻밖이었습니다. 말씀은 그렇게 드렸지만 막상 아이가 선생님께 맞았다고 하니 기분이 매우 나쁘더라는 것이었습니다. 저는 어이가 없었습니다.

15년이 지난 지금 저도 결혼을 하여 각각 초등학교 6학년과 4학년에 다니는 아이들이 있습니다. 담임선생님과 이야기를 나눌 기회가 있으면 잘못이 있을 때는 걱정 마시고 많이 혼내 달라는 부탁을 드렸습니다. 어느 날 둘째 녀석이 친구와 싸우다가 선생님께 혼이 났다고 하면서 매우 분해했습니다. 녀석의 말로는 친구가 자주 괴롭혀도 꾹 참았는데 그날은 참을 수가 없더라는 것이었습니다. "그래도 네가 참고 선생님께 말씀드려야지 친구를 때리면 되나? 아주 잘 맞았다."라고 이야기했지만 마음은 편치 않았습니다. 15년 전 영진이 어머니의 말씀이 이제야 이해되었습니다.

이것이 이 세상 부모의 마음 아닐까요?

49

즐거운 숙제, 하고 싶은 숙제

"선생님! 오늘 숙제는 뭐예요?" 하루 공부가 끝날 때쯤이면 여기저기서 아이들의 질문이 쏟아집니다. 숙제하기가 무척 재미있는 모양입니다.

20여 년의 교직생활에서 겪은 어려움 중의 하나는 숙제를 알맞게 내주는 것이었습니다. 나름대로 알맞은 양이라고 생각하고 내주어도 "선생님 숙제가 너무 많아요. 조금만 내주세요."라고 불평하는 아이들이 있는가 하면, "선생님 숙제 좀 많이 내주세요. 숙제가 없는 날이면 우리 아이는 통 공부를 하지 않아요."라고 건의하는 학부모도 있습니다.

'숙제를 어떻게 내줄까?'를 고민하던 중 어느 책에서 읽은 '즐거운 숙제, 하고 싶은 숙제'의 방법으로 숙제를 내어 보았습니다. 그런데 의외로 아이들의 반응이 좋았습니다. '즐거운 숙제, 하고 싶은 숙제'를 내어 준 다음 날이면 천진난만한 1학년 아이들의 표정이 더욱 밝아 보입니다.

'부모님 안마해 드리기' 숙제를 내준 다음날 평소 말이 없던 진용이는 "엄마가 시원하다고 하시면서 기뻐하셨어요. 엄마가 기뻐하시는 걸 보니 제 마음도 기뻐요." 하며 즐거워하였습니다.

'부모님 구두 닦아 드리기' 숙제를 내준 다음날 언제나 활발한 성진이는 "선생님, 어머니께서 착하다고 하시면서, 이제 철이 들었다고 하셨어요. 그런데 철이 들었다는 말이 무슨 말이에요?" 하며 더욱 신이 납니다.

'우리 집에서 가장 지저분한 곳을 찾아서 청소하기' 숙제를 내준 다음날 내성적인 찬우는 "선생님 이상해요. 힘들게 청소를 했는데 깨끗해진 마당을 보니 마음이 무척 기뻤어요." 하며 고개를 갸우뚱하였습니다.

전임지에서 졸업논문쓰기를 지도했던 경험으로 1학년 아이들 수준에 맞게 '우리 집 앞을 지나가는 열 대의 자동차 색깔 조사하기' 숙제를 내준 다음날 수학시간이면, 각 모둠별로 조사한 내용을 합해 보는 공부가 이루어집니다. 아이들은 "선생님, 우리 모둠에서는 흰색 자동차가 가장 많고, 그 다음은 검정색, 회색 자동차가 많아요. 사람들은 흰색을 가장 좋아하는 것 같아요."라고 자랑스럽게 발표합니다.

직장에서 피로한 몸으로 귀가한 부모님들이, 숙제를 하지 못해 찡찡대는 자녀들로 인해 속상해하는 경우가 흔히 있다고 합니다. 즐거운 숙제, 하고 싶은 숙제! 그것은 아이들의 인성과 창의성을 길러 주면서, 가정의 행복을 지켜 주는 숙제가 아닐까요?

50 잃은 것과 얻은 것

언덕 꼭대기에 있는 논에서 추수를 하던 한 농부가 땅이 흔들리는 것을 느끼고 먼 바다를 내려다보았습니다. 바닷물이 순식간에 멀리 빠져나가는 것이 곧 해일이 몰려올 징조였습니다.

그런데 언덕 밑 낮은 지대에서는 이웃 사람들이 아무것도 모른 채 정신없이 일을 하고 있었습니다. 그 농부는 궁리 끝에 볏 짚단을 모아 불을 붙이고는 창고 처마 밑에 달려 있는 종을 힘껏 쳤습니다.

그제야 사람들은 언덕 쪽을 바라보았고 불을 끄려고 모두 올라왔습니다.

그들이 올라오자마자 그곳엔 큰 파도가 몰려와 순식간에 물바다를 이루고 말았습니다. 그들은 무사할 수 있었으나 대신 그 농부는 1년 동안 땀 흘려 농사지은 자신의 벼가 다 타 버리는 큰 희생을 치르게 되었습니다.

6년 전 남수원초등학교에서 6학년을 담임하였을 때의 일입니다. 날씨가 점점 추워지는 초겨울, 아이들은 겨울방학과 졸업을 앞두고 들떠 있었습니다. 좀 멀리 떨어진 과학실로 이동하여 과학 수업을 하려고 하는데, "선생님, 저희가 실험기구를 가지고 올 테니 교실에서 공부해요." 하는 성화에 못 이겨 교실에서 공부가 시작되었습니다. 그날 실험은 삼발이 위에 철판을 얹어 놓고, 철판 위에는 성냥개비의 머리 부분과 나무 부분, 숯을 올려놓고 알코올램프로 가열하여 이 세 개의 물질에 불이 붙는 발화점이 서로 다름을 밝혀내는 것이었습니다.

모두 조별로 열심히 실험을 하고 있는데, "펑" 하는 소리와 함께 교실 바닥에서 불길이 솟아올랐습니다. 진수의 팔꿈치에 걸려 알코올램프가 바닥에 떨어진 것입니다. "연호야, 빨리 가서 소화기 좀 가져와라.", "예, 그런데 소화기가 어디에 있지요?" 당황한 연호는 항상 복도 끝에 놓여 있던 소화기도 생각하지 못했습니다. 겨우 소화기로 불을 끄고 한숨을 돌려 주위를 둘러보니 소화기에서 뿜겨진 흰 가루로 교실 구석구석은 엉망이었습니다. 하는 수 없이 모두 비와 걸레를 들고 땀을 뻘뻘 흘리며 대청소를 했습니다. 청소가 끝나 갈 때 진수가 제 앞에 나타났습니다. "선생님, 죄송합니다.", "그래 앞으로는 조심하거라." 하며 등을 두드려 주었습니다.

이튿날 일기 검사를 하며 진수의 일기를 읽어보았습니다. "오늘 나의 조그만 실수로 공부도 못하고 불이 날 뻔했다. 선생님과 우리 반 친구들에게 미안하다. 혼이 날 줄 알았는데 선생님께서는 너그럽게 용서해 주셨다. 오후에 장난을 치다가 화분을 깬 동생의 머리를 웃으면서 쓰다듬어 주었다."

과학실로 이동하지 않고 물이 없는 교실에서 과학 수업을 한 제 실수로 잃은 것도 있지만 얻은 것도 많았다는 생각에 혼자서 빙그레 웃었습니다.

51

끝없는 기다림

어느 날 축산농가에서 농부가 병아리에게 모이를 주었습니다. 눈부신 아침 햇살을 헤엄치듯 달려와 모이를 쪼아 먹고, 삐악삐악거리며 이리저리 헤매는 병아리들을 보고 농부는 흐뭇한 미소를 지었습니다. 그러다가 문득 모이도 먹지 않고 한쪽 구석에 쪼그리고 앉아 있는 병아리 한 마리를 보고, 혹 질병에 걸리지나 않았는지 걱정이 되었습니다.

21년의 교직생활에서 올해 처음으로 1학년을 담임하게 되었습니다. 마치 병아리가 삐악삐악거리며 이리저리 헤매듯 아이들은 잠시도 가만히 있지 못하고 재잘거립니다. 그 중에 얌전한 아이에게는 칭찬을 하게 되고 유난히 움직임이 많은 아이에게는 주의를 주게 됩니다. 생각해 보면 움직임이 많은 아이일수록 건강한 아이라는 것을 알면서도 농부와는 정 반대되는 행동을 하는 제 자신이 부끄러울 때가 있습니다.

지난 토요일에는 잠깐 교실을 비운 사이에 창가에 놓아 둔 화분이 떨어져 깨졌습니다. 누가 그랬느냐고 물었지만 아무도 나서는 아이가 없었습니다. 다시 한 번 물으니 "선생님 제가 그랬어요." 하고 나서는 아이는 우리 반에서 움직임이 가장 많은 순철이었습니다. 무심코 "네가 그럴 줄 알았어." 하고 이야기를 해 놓고, 며칠 전 어느 책에서 "그럴 줄 알았어."와 "그럴 수도 있지."라는 말에 대해 읽은 기억이 떠올라 얼굴을 붉혔습니다.

"그럴 줄 알았어."와 "그럴 수도 있지."는 언뜻 듣기에는 별 차이 없이 비슷한 뜻을 가진 말이라고 생각할 수 있습니다. 그러나 이 두 단어는 굉장한 차이가 숨겨져 있다고 합니다. 가령 한 아이가 실수를 했을 때 어떤 이는 "그럴 줄 알았어." 또 어떤 이는 "그럴 수도 있지."라고 말을 합니다.

"그럴 줄 알았어."를 자세히 풀어 본다면 네가 실수할 줄 알았어. 네가 뭘 할 수 있겠니? 네가 실수한 게 당연하지. 이런 뜻이 함축되어 있고, "그럴 수도 있지."라는 말은 너는 원래 잘 할 수 있는데 이번에는 실수한 거야. 난 여전히 너에게 기대를 가지고 있어. 다음에는 잘 할 수 있을 거야! 괜찮다. 다음에는 잘하자. 이런 내용이 함축되어 있다고 합니다. 즉, "그럴 줄 알았어."는 그 아이에 대한 기대를 저버리는 말이고 실패감을 심어 주는 말이며, "그럴 수도 있지."라는 말은 그 아이에 대한 기대감을 저버리지 않는 말이고 실수를 용서해 주는 말이라는 것입니다.

조각난 화분을 치우고 순철이에게 "순철아, 미안하다.

아무 걱정 말고 집에 가거라. 걱정하시니 부모님께도 말씀드리지 말고." 갑작스런 저의 말에 순철이는 어리둥절하였습니다. 아이들이 모두 귀가하고 텅 빈 교실에서 순철이가 저의 뜻을 알 때는 언제쯤일까를 생각하며 혼자 웃어 보았습니다.

교직생활, 그것은 끝없이 인내하고 기다리는 자기 자신과의 싸움 아닐까요?

52 체벌

새 학년이 시작되면 교사는 새로운 설계를 하고 아이들을 맞이합니다.

첫 발령을 받고 4월이 저물어 갈 무렵의 일이었습니다.

숙제를 확인하였을 때 대부분 아이들이 눈빛의 초점을 잃더니 고개를 떨어뜨려 버렸습니다. 저는 순간 눈앞이 캄캄해졌습니다.

'아이들의 인격을 존중하고 절대로 체벌하지 말자.' 다짐한 저는 그 순간 위기의식을 느끼게 되고 화가 났습니다. '이래서는 안 되겠구나. 이러다가 아이들을 망치는 것은 아닐까?' 하는 자책도 생겼습니다.

숙제를 해 오지 않은 아이들을 전부 나오라고 했더니 서너 명 말고는 모두 앞으로 나오는 것이 아니겠습니까?

팔을 걷고 남자 아이들부터 매를 들기 시작했습니다. 한 번도 매를 맞지 않았던 터라 그 충격은 무척 컸던 것 같았습니다. 남자 아이들이 맞는 모습을 보면서 엉엉 우는 여자 아이들이 점점 많아졌습니다.

여자 아이들이 맞아야 할 차례인데 가엾기도 했고, 평소에 남자 아이들에게 '연약한 여자 아이들을 때리는 것은 비겁하다.'고 강조했던 말이 생각나 매를 내려놓았습니다. 여자 아이들도 남자 친구들이 맞는걸 보면서 무척 고통스러웠을 테니까요. 모두 자기 자리로 돌려보낸 후 "여러분이 공부를 하지 않고 약속을 지키지 않도록 만든 것은 선생님의 탓입니다. 여러분이 잘하도록 분위기를 만들어 주었어야 하는데 선생님의 잘못도 큽니다." 이렇게 말을 한 후 들고 있던 회초리로 저의 종아리를 힘차게 다섯 대 내리쳤습니다.

모두들 갑자기 "선생님, 잘못했어요. 그러지 마세요. 다시는 그러지 않을게요." 하면서 엉엉 우는 것이었습니다.

너무도 속이 상해 교실을 나와 교무실에 가서 마음을 다독이고 있는데, 여자 아이들이 강당 뒤편으로 움직이는 모습이 보였습니다. 그런 후 남자 아이 한 명이 저에게 다가오더니 "선생님, 여자 아이들도 선생님이 우리들 때문에 종아리를 내리친 것이 너무나 가슴이 아파 저렇게 자신의 종아리를 때리기로 했대요." 하는 것이었습니다.

저는 용수철처럼 교무실을 박차고 나가 아이들을 부둥켜안아 주었습니다. 우리는 한참 동안 마음과 마음이 따사로이 전해 오는 감동을 받았습니다.

53

어머니

2년 전 수원 매산초등학교에서 2학년을 담임하고 있을 때의 일이었습니다.

아이들과 함께 “어버이날에 어떤 선물을 해 드릴까?”를 토의한 끝에 카네이션을 만들어 달아 드리고, 부모님의 모습을 그림으로 그려서 선물하기로 했습니다.

아이들은 모두 좋아하며 진지하게 부모님의 모습을 그리기 시작하였습니다. 그런데 선영이는 그림을 그릴 생각은 하지 않고 엎드려 있더니 한참 만에 도화지에 검은색 크레파스를 쥐고 화가 난 듯이 벅벅 색칠을 하는 것이었습니다. 저는 선영이의 엉뚱한 행동에 “너는 그림을 그리지 않고 무얼 하고 있니?” 하며 야단을 쳤습니다. 그런데 선영이는 원망하는 눈망울로 저를 쳐다보며 눈물을 흘리는 것이 아니겠어요? 뭔가 사연이 있나 싶어 방과 후에 남도록 하였습니다.

“선영아, 미술 시간에 왜 화가 나 있었니? 평소에 선영이는 선생님 말씀을 잘 듣는 착한 아이였는데…… 이상하더구나. 선생님께 그 이유를 말해 줄 수 있겠니?” 했더니 선영이는 울먹이는 소리로 "선생님, 저희 엄마는 제가 유치원에 다닐 때 교통사고로 돌아가셨어요. 그래서 아빠가 새엄마를 데리고 오셨는데, 저보다 새엄마를 더 좋아해요. 아빠를 빼앗긴 것 같아요. 저는 집에도 들어가기 싫고 아빠도 새엄마도 모두 보기 싫어요."라고 대답하였습니다.

선영이의 슬픈 사연을 듣고 선영이가 왜 그림을 그렇게 그렸는지 또 선영이의 외로움을 이해할 수 있었습니다. 선영이의 아픔을 그동안 어른들은 무심하게 보아 온 것입니다.

어머님께 면담을 요청해서 선영이가 겪는 갈등과 외로움에 대해 많은 이야기를 나누었습니다. 그리고 선영이와 어머님이 서로 마음의 문을 활짝 열고 진실한 대화를 나눌 수 있도록 관심을 갖고 도와주었습니다. 선영이의 표정은 점점 밝아졌고, 애태우던 선영이의 새엄마도 선영이의 세심한 곳까지 배려를 해주는 자상함이 느껴졌습니다.

"아이들이 가장 좋아하는 사람은 누구일까?" 하는 물음에 많은 사람이 '어머니'라는 대답을 주저하지 않을 것입니다. 그러나 아이들에 따라서는 아닐 수도 있다는 생각을 해보지 않고 그림을 그리라고 한 제 자신이 부끄러웠습니다. 많은 아이들 속에서 개개인의 개인차를 인정해 주는 교육, 우리가 지향해야 할 참교육이 아닐까요?

54

크리스마스 선물

새 학년을 맞는 아이들은 나를 가르쳐 주실 새 선생님은 어떤 분인지 많은 호기심을 갖고 기다리게 됩니다. 저 또한 학년 초마다 저와 같이 생활할 아이들과의 새로운 만남에 마음이 설렙니다.

9년 전 수원으로 처음 전입해 와 남수원초등학교에서 근무할 때의 일입니다. 5학년을 담임하게 되어 처음 교실에 들어가 보니 초롱초롱한 눈망울들이 호기심 가득한 표정으로 앉아 있었습니다. 우선 한 사람 한 사람 출석을 부르며 얼굴을 익혀 갔습니다. 저마다 또렷한 음성으로 대답을 했는데 문성이를 불렀을 때는 교실이 조용했습니다. 아이들에게 물어보니 문성이는 4학년 때도 거의 학교에 나오지 않았다는 것이었습니다. 아이들을 보내고 이 학교에 오래 근무하신 주임선생님께 문성이에 대해 여쭈어 보았더니, 문성이는 머리도 영리하고 똑똑한데, 학교생활에 적응하지 못하여 세심한 생활지도를 필요로 하는 아이라고 말씀해 주셨습니다.

이튿날 우선 해야 할 일은 문성이를 만나는 일이라고 생각되어 가정방문을 갔습니다. 그러나 집에서도 문성이를 만날 수 없었습니다. 어머니께서는 일하러 가시고, 대낮부터 술에 취해 계시는 아버지로부터 문성이는 집에 안 들어온 지 며칠 되었다는 말만 들을 수 있었습니다. 하는 수 없이 같은 마을에 사는 아이들에게 물어본 결과 문성이는 가정과 학교에서의 무관심으로 갈 곳이 없어 거리를 떠돌고 있다는 것을 알게 되었습니다.

며칠이 지나 문성이가 학교에 모습을 나타냈습니다. 어디에서 무엇을 했느냐는 말에 신문을 배달하여 숙식을 해결하고, 역시 학교에 가지 않는 중학생 형들과 같이 지냈다는 것이었습니다. 우선 문성이와 오늘 꼭 집에 들어가 깨끗이 씻을 것과 내일 꼭 학교에 나올 것을 손가락을 걸어 약속했습니다. 그리고 그때부터 문성이와 저와의 줄다리기가 시작되었습니다.

가장 먼저 해야 할 일은 문성이에게 관심을 보여주고, 문성이로 하여금 오고 싶고, 머물고 싶은 학교로 생각하게 만드는 것이었습니다. 이를 위해 매일 아침 10분간 문성이와 대화하는 시간을 가지고, 학습결손이 많아 다른 아이들과의 학습이 어려운 점을 고려하여 수준에 맞는 개별 학습 과제를 제시하였으며, 학습을 끝냈을 때 친구들 앞에서 칭찬하는 것을 잊지 않았습니다.

문성이의 결석은 급격히 줄었고, 학교생활도 빠르게 적응해 갔습니다. 12월 어느 날, 가까워 오는 크리스마스를 앞두고, 카드를 만들고 있던 미술시간이었습니다. 제 책상 위에 서툴지만 정성껏 만든 문성이의 카드 한 장이 놓였습니다. "선생님 고맙습니다. 앞으로 다시는 결석하지 않고, 열심히 공부하겠습니다."

그해 겨울 저는 가장 값지고 잊히지 않는 크리스마스 선물을 받았습니다.

55

이상할 것이 없는 세상

"선생님, 선생님. 전 정말 이해할 수가 없어요." 선영이는 저를 보자마자 쪼르르 달려와 이렇게 말했습니다. "뭘 이해할 수 없다는 거지?" 저는 선영이가 무슨 일로 이렇게 흥분하고 있을까 궁금했습니다.

"어제 집에 가다 봤는데요. 웬 거지 아저씨가 길거리에 엎드려 구걸을 하고 있었는데, 사람들이 모두 그냥 지나쳐 버리는 거예요. 옷을 예쁘게 입은 한 언니는 인상을 찌푸리며 지나가고, 커다란 반지와 요란한 목걸이를 하고 번쩍번쩍 빛나는 가방을 든 아주머니는 왜 길 가는 데 불편하게 이러고 있느냐고 화까지 냈어요. 그런데 허름한 옷을 입은 어떤 아주머니가 보따리를 내려놓고 주머니를 뒤지더니 천 원짜리 한 장을 아저씨에게 쥐어 주며 도리어 미안하다고 하셨어요. 선생님, 예쁘고 화려하게 하고 다니는 사람들은 모두 아저씨를 그냥 지나쳐 버리는데, 가난해 보이는 아주머니가 아저씨를 도와줬어요. 전 그걸 이해할 수가 없어요." 저는 할 말을 잊어버렸습니다. 도대체 어떻게 해야 선영이를 이해시킬 수 있을까 막막하기만 했습니다.

"선영아, 창밖을 내다보렴, 뭐가 보이니?"

"네? 운동장에서 아이들이 공차기를 하고 있는데요. 어, 한 명이 넘어졌어요. 다치지 않았으면 좋겠어요."

"그러면 이번에는 교실의 거울을 보렴. 뭐가 보이니?"

"아이 참, 선생님도. 거울을 보면 제 모습이 보이잖아요. 그런데 왜 그러세요?"

"선영아, 창문이나 거울이나 다 유리로 만들어졌는데, 왜 창문을 보면 밖을 볼 수 있고, 거울을 보면 자기 자신밖에 보지 못하는 걸까?"

"글쎄요, 잘 모르겠어요."

"그것은 유리 뒷면에 수은을 바르면 거울이 되는 거란다. 이처럼 다 같은 사람이지만 어떤 사람은 마음의 문을 열어 다른 사람의 입장을 헤아려 주고, 어떤 사람은 그렇지 못하고 자기 자신만 생각하는 조그만 차이가 있을 뿐이란다."

선영이는 아는지 모르는지 말없이 고개를 끄덕였습니다. 저는 마음속으로 속삭였습니다. "선영아 미안하다. 너도 언젠가는 그 이유를 깨닫는 날이 오겠지. 그러나 그보다는 너희들이 자라서 어른이 되었을 때는 아이들의 눈에 전혀 이상할 것이 없는 세상이 되었으면 좋겠구나." 하고 말입니다.

56

기적은 아이들에게서

지난해까지 근무했던 수원 매산초등학교에서 졸업논문 쓰기를 지도한 적이 있습니다. 자기의 생각을 말이나 글, 그림, 소리, 신체 동작 등으로 표현해 보는 것을 즐거워하고 무척 자랑스럽게 여기는 아이들을 창의적인 사람으로 길러 보자는 작은 생각에서 시작했었습니다.

처음에는 과연 초등학생들이 논문을 쓸 수 있을까? 하는 의문에 제 스스로도 자신이 없었습니다. 무모한 짓이라는 생각도 들었습니다. 그러나 뜻밖에도 기적은 아이들에게서 일어났습니다. 논문 작성에 어려움이 생길 때마다 기발한 아이디어를 내는 쪽은 언제나 아이들이었습니다.

<초등학교 6학년 교과서에 나오는 외래어 조사 연구>를 한 민영이는 외래어 대신 쓸 수 있는 새로운 우리말을 찾았는데 '프로그램은 진행 길잡이, 바이올린은 깽깽이, 케이크는 모양 빵' 등의 재미있는 말을 찾아내어 온 교실을 웃음바다로 만들었습니다.

<채소와 과일의 종류에 따라 발생되는 전류의 세기는

어떻게 다를까?>를 연구한 인희와 민경이는 채소와 과일을 건전지 모양으로 만들어 시계에 넣었는데, 시계 바늘이 움직이지 않는다며 울상이 되었다가, 어느 날 검류계를 사용하여 과일에 꽂힌 구리판과 아연판이 과일 속에 있는 구연산과 반응하여 전류를 발생시킨다는 사실을 탐구해 냈습니다.

<병아리의 말소리 연구>라는 엉뚱함에서 출발한 혜영이의 논문은 보통 때는 '비육비육', 배고플 때는 '비악비악', 먹이를 주면 '비비비비', 반가우면 '빡빡'이라는 놀라운 관찰력을 성과물로 남겼습니다.

또한 <잠자리가 나뭇가지에 앉는 방향은 햇빛과 어떤 관계가 있을까?>를 연구한 선화도 기특하기만 합니다. 어른들이라면 무심코 지나쳐 버릴 잠자리의 앉는 모습도 아이들은 예사롭게 보이지 않는 모양입니다.

국토가 좁고, 자원과 자본이 부족한 우리나라가 IMF라는 환란을 겪고 있습니다. 모두가 고통을 분담하며 환란을 이겨내기 위해 애를 쓰고 있습니다. 그러나 그 근본적인 해결의 열쇠가 우리 아이들의 창의성에 있지 않을까요? 교육투자에 대해 다시 한 번 생각해 볼 때입니다.

57

수학여행

"선생님, 윤미는 오지 않았어요." 수학여행 날 아침 출석을 부르고 있는데, 아이들이 걱정스런 표정으로 말했습니다.

며칠 전부터 수학여행을 떠난다는 기쁨으로 아이들은 들떠 있었지만, 어려운 집안 형편 때문에 수학 여행비를 내지 못한 윤미는 얼굴에 수심이 가득했었습니다. "윤미야, 선생님이 다 해결해 놓았으니 아무 걱정 말고 같이 수학여행 가야 한다." 확실한 다짐을 받아 놓으려는 저의 말에 "예." 하고 마지못해 대답은 했었는데 결국 모습을 보이지 않은 것입니다.

윤미의 집으로 달려가 마음을 정하지 못하고 미적거리고 있는 윤미와 미안해 하시는 어머니를 가까스로 설득해 함께 여행길에 올랐습니다. 윤미는 처음에는 여행비를 내지 않았다는 부끄러움 때문인지 서먹해 했으나 차츰 시간이 지나면서 친구들과 어울리기도 하고 얼굴이 밝아졌습니다.

아이들은 버스에서 내릴 때마다 구경보다는 군것질과

기념품에 더 정신을 팔았습니다. 아이스크림과 컵라면을 사 먹는 아이도 있고, 할아버지 할머니께 드린다고 효자손과 산호 목걸이를 사는 아이도 있었습니다. 윤미도 무엇인가를 사고 싶어 이것저것 살펴보다가 마땅치 않았는지 아이들 뒤편에서 눈치만 보고 있었습니다.

저녁이 되어 여관에 도착한 아이들은 밤늦도록 자지 않고 떠들며 이야기꽃을 피웠습니다. 윤미도 그 속에 끼어 재미있게 어울리는 모습을 보고 한층 마음이 놓였습니다.

돌아오는 차 속에서 "선생님 이거……" 하며 윤미는 껌 한 통을 불쑥 내밀었습니다. "윤미야, 너 돈 얼마 가지고 왔니?", "천 원이요.", "네가 쓰기도 모자랄 텐데 껌을 샀구나. 그래, 나머지 돈으로 무엇 무엇을 샀니?", "이백 원은 목이 말라 쭈쭈바 사 먹고요, 삼백 원은 동생 주려고 장난감을 사구요, 사백 원은 어머니 드리려고 머리핀 샀어요.", "적은 돈으로 정말 값있게 썼구나. 아마 어머니와 동생이 무척 기뻐하실 거야." 물건 하나하나를 살 때마다 많은 생각을 했을 윤미를 생각하니, 제가 받은 껌 한 통이 더욱 소중하게 생각되었습니다. "나도 먹을 테니 너도 하나 먹어라." 은은하게 퍼지는 껌의 단맛을 느끼며 어린 윤미의 손을 꼭 잡아 주었습니다.

58

지혜와 용기

사람이 산다는 것은 자기 자신과 끊임없이 싸우는 과정입니다.

부지런한 자기와 게으른 자기, 용감한 자기와 비겁한 자기, 참된 자기와 거짓된 자기와의 싸움은 항상 있게 마련이고, 이 싸움에는 수많은 고통이 따른다는 것을 쉽게 짐작할 수 있습니다. 이 많은 고통과 숙명적으로 대결해야 하는 것이 우리 인생이며 인생은 어찌 보면 고통의 연속이라고 봅니다. 그러므로 진정 인간에게는 이들 고통에 대처할 지혜와 용기가 필요합니다.

5천년 유태 민족사에 살아남아 큰 교훈이 되고 있는 탈무드의 일화를 하나 소개하겠습니다.

아버지와 아들이 위험한 사막을 가고 있었습니다. 날씨는 타는 듯 뜨겁고 길은 험하기 짝이 없었습니다. "아버지, 저는 힘이 다 빠진 데다가 목이 타서 죽겠어요. 더 이상 못가겠어요." 아들의 말에 아버지는 "아들아, 용기를 내라. 우리 조상들도 이 고통의 길을 다 걸어갔단다. 이제 곧 마을이 나타날 거야. 두려운 것은 물이 없는 것이 아니라 희망과 용기를 잃는 것이다."라고 격려하며 계속 걸었습니다.

이때 부자의 눈에 공동묘지가 나타났습니다. 이것을 본 아들은 "아버지, 저것 보세요. 선조들도 여기서 모두 죽어 갔지 않았습니까? 우리도 곧 죽고 말 거예요. 도저히 더 이상 못 가겠어요." 하며 좌절하자 아버지는 "아들아, 공동묘지는 실망이 아니라 희망이다. 공동묘지가 있다는 것은 이 부근에 사람이 사는 마을이 있다는 증거이다."라고 용기를 불어넣어 마침내 부자는 사막을 무사히 지났습니다.

중환자가 아픔을 참고 수술이라는 고통의 과정을 겪어야만 건강을 되찾을 수 있고, 산모는 모진 고통을 이겨내야 새 생명 탄생의 기쁨을 보는 것 같이 우리는 고통을 통해서만 참 나를 발견할 수 있고, 진정한 삶의 보람을 얻을 수 있다고 봅니다. 그러므로 자기 앞에 닥치는 고통에 지혜와 용기를 갖고 맞서 싸워야 하지 않겠습니까?

59

저는 행복합니다

저는 행복합니다.
멀리 마이산이 보이는 조그만 마을에서 태어나
마이산 꼭대기에 오르는 것만큼이나 어렵다고 생각한
선생님이 되겠다던 꿈이 이루어져 행복합니다.

저는 행복합니다.
아이들과 함께 생활하며
까만 눈동자 속에 비치는 아이들의 미래가
동해안에 떠오르는 태양만큼이나 눈부심을 느낄 때
행복합니다.

저는 행복합니다.
병을 고치려는 환자들이 찾아오거나
절망으로 슬픔에 빠진 사람들이 찾아오는 곳이 아닌
모두가 희망에 부풀어 찾아오는 학교에서 생활하는 것이
행복합니다.

저는 행복합니다.
처음 만나면 의심부터 해보는 어른들의 세계가 아닌
처음 만나도 믿고 이야기할 수 있는
동심의 세계에서 생활하는 것이 행복합니다.

저는 행복합니다.
사람들이 선생님을 우러러 보아서가 아니라
행복의 기준이 제 마음에 있으니
꿈나무들과 함께하는 생활이 그저 행복합니다.

60

아이들의 천진난만함을 사랑합니다

저는 아이들의 해맑은 웃음소리를 가슴에 담고 싶습니다.

뜨거운 햇살이 쏟아지는 여름 날 정오, 흙먼지 폴폴 나는 운동장에서 뛰어놀며 땀을 뻘뻘 흘리는 아이들의 열정을 사랑합니다.

비 오는 날 웅덩이에 고인 물만 첨벙대며 신발을 적시고 신나 하는 그 괴팍함을 사랑합니다.

공부시간에 사탕 한 개를 입에 넣고 들키지 않으려고 오물거리는 그 진지한 표정을 사랑합니다.

학급 다과회 때 요구르트 한 개만 가져와서 자신이 먹지 않고 슬며시 교탁 위에 올려놓고 가는 그 따뜻한 온정을 사랑합니다.

우유 간식 시간에 먹지 않은 우유 한 개의 주인을 찾기 위해 모두 눈을 감고 우유 가져가지 않은 사람만 눈을 뜨라 했을 때 울먹이는 눈빛으로 용서를 비는 그 정직함을 사랑합니다.

웅덩이에서 잡은 개구리를 가져와서 연약한 심성을 가진 여자애들에게 들이대는 그 장난기도 사랑합니다.

저는 어른의 시각으로 세상을 보지 않고 동심의 세계에 몰입해서 세상을 살아가고 싶습니다.

그들에게 동화되어 맑은 세상을 같이 가꾸어 가고 싶습니다.

저는 흰 도화지에 그림을 그리듯이 새 학년을 맡으면 새로운 설계를 하고 조심스럽게 그려 나갑니다.

같이 즐거워하고, 같이 슬퍼하고, 같이 점심 먹고, 같이 뛰어 놉니다.

오늘도 출근길에 아이들의 모습을 하나하나 그려보며 행복해 합니다.

제5부

행복한 방과후학교 운영

희망하는 모든 학교에서 방과후학교가 시행된 2006년, 저는 그때 경기도교육청 방과후학교 담당 장학사로서 시행 초기의 낯설고 폭주하는 업무로 많은 고생을 했습니다.

산고를 겪은 어머니의 마음일까? 지금도 방과후학교에 대해서는 특별한 관심과 애정을 가지고 있습니다. 방과후학교가 즐거운 오후, 행복한 배움터로 정착되기를 기대해 봅니다.

61

방과후학교도 기본에 충실한 운영을

2006년부터 기존에 방과 후 교실(초등), 특기적성교육, 수준별 보충학습(고교) 등으로 사용된 각각의 명칭과 프로그램이 방과후학교라는 용어로 통합되어 희망하는 모든 학교에서 방과후학교가 운영되면서 학교 교육의 틀이 바뀌고 있다.

당시 정부가 방과후학교를 추진하게 된 가장 주된 이유는 교육격차 해소, 저출산·고령화 등의 문제 대처, 사교육비 경감 등과 같은 사회적인 성격을 띠고 있었고, 학교 교육기능 보완이라는 목표는 제시되지 않았다가 후에 새롭게 추가된 것이다. 이는 기존의 3가지 목표가 방과후학교의 본질적 기능인 정규 교육과정의 보완보다 사회적 기능인 사교육비 경감, 교육복지 실현, 학교의 지역사회화를 강조하였다는 것을 고려하였기 때문이라고 판단된다. 이렇게 해서 현재 방과후학교는 학교의 교육기능 보완, 사교육비 경감, 교육복지 실현, 학교의 지역사회화라는 4대 목표 하에 운영되고 있다. 하지만 모든 일이 기본에 충실했을 때 소기의 성과를 거둘 수 있는 것처럼 방과후학교도 사교육비 경감에만 초점을 둘 것이 아니라 4대 목표를 균형 있게 달성할 수 있도록 기본에 충실하게 운영돼야 한다고 생각한다.

첫째 목표는 학교의 교육기능 보완이다. 교육과정 연수에 참가해 보면 "학교는 교육과정 운영이 중심이 되어야지 방과후학교는 무슨 방과후학교냐?"는 비판을 하는 강사들을 종종 보게 된다. 강사의 사견이기 때문에 반박할 생각도 없고 사실 맞는 말이기도 하다. 그러나 교육과정을 아무리 정상적으로 운영한다 해도 학생들에게 내재돼 있는 예체능 영역의 잠재 능력인 악기 연주 기능, 그리기, 만들기 등 각종 미적 표현 기능과 운동 기능을 충분히 익히고 발휘할 수 있도록 기회를 제공하기는 쉽지 않다는 생각이다. 따라서 방과후학교 활성화에 역점을 두는 학교일수록 정규 교육과정을 충실히 운영하여 학업성취 완성도를 높이고, 방과후학교에서는 정규 교육과정의 심화·보충 학습 기회를 제공해 주어야 하며, 특히 예체능 영역의 심화·보충이 꼭 필요하다.

둘째 목표는 사교육비 경감이다. 전국적으로 99.9%의 학교에서 방과후학교를 운영하고 있지만, 학생과 학부모가 방과후학교를 외면하고 학원을 선택하는 이유는 무엇일까? 여러 가지 이유가 있겠지만 방과후학교는 월·목요일, 화·금요일 등과 같이 주중 2~3회 운영으로 인해, 시간 운영에 틈새가 생겨 보살핌 기능이 떨어진다는 점이다. 따라서 사교육비 경감을 위해서 방과후학교는 시간 운영, 우수 강사 및 이동수단 확보면에서 개선점을 찾아야 할 것이다.

셋째 목표는 교육복지 실현이다. 자유수강권의 지원 대

상은 저소득층 자녀이다. 그러나 실제로 이들 저소득층 자녀는 학습의욕이 부족한 경우가 많고, 자유수강권제가 초래할 수 있는 거부감 또는 낙인효과 등의 부작용으로 인해 학생 참여율이 미흡한 실정이다. 따라서 운영 방법을 학교 여건에 맞게 다양화할 수 있도록 해주어야 한다.

넷째 목표는 학교의 지역사회화이다. 현재 각급 학교에서 이루어지는 방과후학교 강좌는 그 대상이 주로 초·중·고등학교 학생으로 이루어지는 경우가 많다. 고령화 사회에 대비하여 지역주민, 학부모, 동네 어르신들이 방과후학교 강좌에 수강생이나 강사로 참여할 수 있는 방안이 마련돼야 한다고 본다.

방과후학교의 활성화를 위해서는 목표 달성 전략을 구체화하고, 교원과 학부모의 소극적 인식을 바꾸기 위한 홍보 전략을 마련하며, 업무 경감, 강사 관리, 지원센터의 효율적 운영에도 노력을 기울여야 할 것이다.

(경기일보, 2010.04.09, 금요일, 14면)

62

시급한 방과후학교 내실화

방과후학교는 수요자인 학생, 학부모 중심으로 운영하는 정규 교육과정 이외의 학교교육 활동을 의미한다. 2006년부터 기존에 방과 후 교실(초등), 특기적성교육, 수준별 보충학습(고교) 등으로 사용된 각각의 명칭과 프로그램이 방과후학교라는 용어로 통합되어, 희망하는 모든 학교에서 방과후학교가 운영되면서 학교 교육의 틀이 바뀌고 있다.

당시 교육인적자원부에서는 '방과후학교에서 누구나 최고의 다양한 교육을! 5년 안에 사교육 수요를 학교 내로 흡수한다'는 비전을 제시했고, 한국교육개발원의 연구 결과에 따르면 99.9% 학교에서 방과후학교를 운영하고 있으며, 54.3% 학생이 참여하고 있어 양적으로 크게 성장한 것으로 나타났다.

정부의 사교육비 경감 대책으로 고품질의 방과후학교 운영 방안이 논의되고 있는 시점에서 이제는 질적 성장에도 관심을 기울여야 한다고 보며 그런 점에서 방과후학교의 질적 내실화 방안에 대해 몇 가지 제언을 해 보고자 한다.

첫째, 방과후학교 운영에 대한 단위 학교의 자율성 보장 및 책무성이 확대되고 방과후학교 참여 여부에 대한 수요자의 자율적 선택권이 보장되어야 한다. 이를 위해서는 행정적·재정적 지원을 강화해 자생적 능력을 신장해 나갈 필요가 있다. 방과후학교 관련 정보도 공개해 시행 학교들의 책무성을 확대해야 한다. 학생의 자율적 강좌 선택권도 보장하여 만족도를 향상시켜야 한다.

둘째, 프로그램의 질을 개선할 수 있는 다양한 방안이 강구되어야 한다. 정규 교육과정에서 공부에 지친 학생들에게 또다시 교과 위주의 방과후학교를 운영해 괴로움을 준다면 방과후학교의 앞날은 밝지 못할 것이다. 방과후학교는 교과보다 특기적성 중심으로, 특기적성 중에서도 문화 예술(예체능) 중심으로 운영하여 학생들이 즐겁게 참여해야 성공할 수 있다.

셋째, 가급적 업무 부담을 줄여 교원들이 커다란 부담을 갖지 않고 참여하도록 참여 동기를 높이고, 학교 경영자의 리더십을 강화해야 한다.

넷째, 유능한 강사를 확보해야 한다.

다섯째, 지역사회의 다양한 인적·물적 자원을 지속적·효율적으로 활용해야 하며, 이를 위해 해당 기관이나 조직·단체와 협약을 체결해야 한다.

여섯째, 프로그램에 대해 적극적인 홍보에 나서야 한다. 홍보는 프로그램 운영자의 책임감과 수요자의 신뢰도를 높여 주고 프로그램의 질을 높여 주는 데 커다란 영향을 미친다. 방과후학교 프로그램 운영 결과 공개 발표는 학생, 학부모, 교사에게 성취감, 보람과 자긍심을 준다.

일곱째, 방과후학교 프로그램의 편성·운영 과정, 성과에 대해 평가를 실시하고, 평가 결과를 프로그램 개선을 위해 효율적으로 환류하는 국가 차원, 교육청 차원, 학교 차원에서의 평가 체제를 구축해야 한다.

여덟째, 방과후학교를 위한 다양한 시설을 구비하고, 방과후학교 운영을 위해 교실을 빌려주는 교사들이 업무를 편리하게 볼 수 있는 공간이나 시설을 마련해 주어 불편함이 없도록 해야 한다.

아홉째, 방과후학교 운영에서 간과해서는 안 될 문제가 아이들의 안전이다. 학부모들이 안심하고 맡길 수 있는 방과후학교를 위해 이동수단 확보, 학부모 안전도우미 운영, 지역의 자율방범대와 관할 경찰서와 협력체제 강화 등 아이들의 안전을 위한 제도적 장치를 마련해야 한다.

마지막으로 방과후학교에 참여하는 학생들의 참여율을 높이는 것은 방과후학교의 성공에 핵심적인 요소이다. 일반학생, 우수학생, 저소득층 학생 등 많은 학생들이 방과후학교에 참여해야 하며, 방과후학교에서 학생이 교과 학습 영역과 특기적성 영역에서 성취한 것들을 학교 생활기록부에 기재해 생활지도, 진로지도, 진학지도 등에 활용한다. 또한 학부모, 지역사회 주민 참여를 제고해 호응을 얻어야 한다. 주민의 호응으로 신뢰를 얻고, 자녀의 참여도를 높일 수 있게 된다.

방과후학교 성공의 열쇠는 '방과후학교 프로그램은 값싸고 질이 낮다'라는 학부모의 선입견을 불식시키는 데 있다고 할 수 있다. 이를 위해 이제는 질적인 내실화를 통해 방과후학교의 참여율과 만족도를 높이는 데 힘써야 한다.

(인천일보, 2009.10.20, 화요일, 18면)

63

방과 후 돌봄교실 확대와 안전망 구축을

사회경제적인 변화에 따른 여성의 사회진출 증가와 저출산의 심화로 이제까지 가정의 몫으로 당연시되어 왔던 보육의 책임이 사회와 국가로 확대되고 있다. 이런 이유로 현재 방과후학교 초등돌봄교실은 전국적으로 5천620개 학교에서 6천520개 교실이 운영되고 있다.

내년부터 주5일 수업이 전면 시행되고, 앞으로 여성의 사회 진출, 저출산, 취약계층의 증가 현상이 심화되어 초등돌봄교실의 수요가 더욱 증가할 것으로 전망되는 시점에서 초등돌봄교실의 확대와 내실화 방안에 대해 몇 가지 제언하고자 한다.

첫째, 초등돌봄교실의 참여 학생 수를 확대하여야 한다. 2010년 현재 초등돌봄교실은 전체 초등학교의 88.4%에서 운영되며, 3.1%의 학생들이 참여하고 있다. 그런데 보건복지부에 따르면 세심한 보살핌, 적절한 교육, 안전한 환경을 제공받지 못하는 '방임아동'이 100만 명을 넘는다고 하니, 전체의 15% 아동이 교육과 돌봄의 사각지대에 놓여 있는 실정이다. 따라서 초등돌봄교실은 모든 초등학교에서 운영되어야 하며, 참여 학생 수도 방임아동 모두를 수용할 수 있는 15% 수준까지 확대하여야 한다.

둘째, 토요일 돌봄교실 운영을 확대하여야 한다. 현재 토요일 돌봄교실을 운영하는 학교 수는 전체의 17.9%인 1천50개교이다. 교과부가 2013년에 3천개까지 확대할 계획이라고 하나 주5일 수업이 당장 내년부터 전면 시행된다면 토요일 돌봄교실 운영은 좀 더 빠른 시일 내 확대되어야 한다.

셋째, 초등돌봄교실 대상 학년을 전 학년으로 확대하여야 한다. 일부 시·도 교육청에서 전체 학년을 대상으로 운영하고 있으나 아직도 1, 2학년이 참여 학생의 80.5%에 이르고 있는 실정이다. 우선 3학년까지 대상을 확대하고, 점진적으로 4학년 이상 고학년으로 확대해야 한다.

넷째, 도시 저소득층 밀집지역과 농산어촌의 돌봄교실에 대한 지원이 확대되어야 한다. 우리 사회는 계층별 양극화와 함께 지역별 양극화 현상도 심각한 상태이다. 따라서 도시 저소득층 밀집지역 및 농산어촌의 돌봄교실 운영에 더 많은 예산을 지원하여야 한다.

다섯째, 초등돌봄교실의 확대뿐만 아니라 운영의 내실화를 위해서도 심혈을 기울여야 한다. 예컨대 지도강사의 신분보장, 예산의 조기지원, 저녁급식 제공, 밤늦은 시간의 안전귀가, 아침 돌봄교실 운영, 아픈 아동의 간호활동 등을 점진적으로 해결해 나가야 한다.

이제 학교는 교육과 돌봄 기능을 수행하는 에듀케어링 체제(edu-caring system)로 전환되어야 한다. 그렇다고 양육과 돌봄에 대해 학교에 무한책임을 요구하는 것은 바람직하지 않다. 설령 모든 아이들이 아침부터 밤까지 학교의 돌봄교실에서 생활하고, 부모들은 온종일 자녀 걱정 없이 직장에서 생활할 수 있다고 가정해 보자. 이런 아이들이 행복할 수 있을까? 부모는 자녀문제에 신경 쓰지 않으니 마음 편할 수 있을까? 가족의 의미는 무엇이고, 직장과 학교에서 각각 하루를 보내는 부모와 아이들은 어떤 정을 교감할 수 있을까?도 생각해 보아야 한다. 아이를 부모로부터 분리해서 키우는 것보다 부모가 역할과 책임을 할 수 있도록 시간과 기회를 주어야 한다. 그런데도 직장 내 보육시설을 갖춘 회사는 17.9%뿐이라고 한다. 이것이 국가 소멸의 대재앙이 될 수도 있는 저출산을 탈피하려는 우리나라의 현주소이다. 지금이라도 각 직장마다 틈새 시간에 부모와 자녀가 함께할 수 있는 보육시설을 갖추는 것이 가장 시급하다. 그리고 보건복지부 산하의 지역아동센터, 여성가족부 소관의 청소년 방과 후 아카데미 등과 같이 해당 부처별로 자녀양육 지원을 위한 다양한 프로그램을 마련하여 국가 전체적으로 촘촘한 안전망을 구축하여야 한다.

유엔 세계아동인권선언에 '아동은 사회의 구성원으로서 행복한 삶을 영위하기 위해 특별한 보호와 지원을 받을 권리가 있다.'고 규정하고 있다. 아이들은 우리의 미래이며 국가의 소중한 자원이다. 방과후학교 돌봄교실 확대와 안전망 구축으로 아이들의 미래, 국가의 미래에 빛을 밝혀 주자.

(중부일보, 2011.06.29, 수요일, 21면)

64

더 좋은 방과후학교 자유수강을 위해

방과후학교 자유수강권은 '바우처(voucher)'에서 비롯되었다. '방과후학교 바우처'는 저소득층 자녀들이 방과후학교 프로그램을 무료로 자유롭게 수강할 수 있도록 제공하는 수강권이며, '바우처'가 외국어라는 점을 감안하여 우리의 실정에 맞게 새로 도입된 용어가 '방과후학교 자유수강권'이다.

방과후학교 자유수강권 제도는 2006년 도입되어 수요자인 학생과 학부모로부터 긍정적인 평가를 받고 있다. 또한 자유수강권 예산은 해마다 증액되었고, 지원대상도 저소득층뿐만 아니라 차상위 계층 자녀까지 확대되었다.

그러나 아직도 자유수강권 대상 학생들의 특성을 분석하는 노력 부족, 학생들이 즐겁게 참여할 수 있는 다양한 프로그램 부족, 낮은 출석률을 보이는 학생에 대한 체계적인 관리 부족, 담당교사 업무과중 등 문제점 또한 적지 않다. 시행 5년을 맞아 방과후학교가 나아가야 할 방향을 새롭게 모색해 보아야 할 시점에서 방과후학교 자유수강권 개선 방안을 몇 가지 제언해 보고자 한다.

첫째, 자유수강권 대상 학생의 특성을 분석하여 맞춤형 지도가 이루어져야 한다. 자유수강권 대상 학생 상당수는 학업성취도가 낮고, 학교생활과 학습에 대한 자신감과 흥미가 떨어져 있는 경우가 많다. 뿐만 아니라 미래에 대한 꿈이 없고, 가정과 사회로부터 소외되어 있어 상담지도의 대상이 되기도 한다. 이런 학생들에게 무조건 자유수강권을 제공하면 출석률이 저조하고 효율성을 기대하기 힘들다. 따라서 학생의 특성을 분석하고 이에 따른 맞춤형 지도가 이루어져야 한다.

둘째, 수요자 중심의 프로그램을 편성하고 체험중심으로 운영하여야 한다. 사전 조사를 통해 학생들이 원하는 프로그램을 개설하고, 한 학교에서 학생들이 원하는 프로그램을 편성하기 어려운 경우 학교 간 연계하여 프로그램을 편성한다. 학생들의 수업에 대한 흥미와 참여도를 높이기 위해 다양한 수업매체를 활용하고, 체험중심으로 프로그램을 운영하여야 한다.

셋째, 자유수강권 참여 학생들을 체계적으로 관리하여야 한다. 자유수강권 참여 학생들은 무료 수강으로 인해 참여 프로그램에 대한 애착이 부족하여 수익자 부담 학생들에 비해 출석률이 낮은 경우가 많다. 따라서 이러한 학생들에 대해서는 자유수강권 지급을 제한하거나 담임교사와 연계하여 출결을 관리하고 특별한 관심과 배려를 기울여야 한다. 반대로 프로그램에 열심히 참여하는 학생에 대해서는 자유수강권 추가 지급, 선물 같은 인센티브를 제공하여 격려하여야 한다.

넷째, 자유수강권 담당교사의 업무를 경감해 주어야 한다. 자유수강권 제도는 여러 가지 부수 업무를 수반한다.

따라서 방과후학교 전담부서를 두고 부장, 프로그램 담당 교사, 코디네이터 등 필요한 인력을 배치하여야 한다.

다섯째, 가정과의 연계 지도가 이루어져야 한다. 자유수강권 대상 학생의 학부모들은 생활이 어렵고 맞벌이가 많기 때문에 학생에 대한 정보를 교류하기가 쉽지 않다. 그러나 학부모와의 밀접한 관계는 학생들의 교육에 많은 영향을 미치기 때문에 가정통신문, 전화, SMS 문자서비스, 방과후학교 알림장 등을 통해 학부모와 정보를 교환하여 연계 지도가 이루어져야 한다.

우리 사회의 큰 문제점으로 지적되고 있는 사회·경제적 양극화 현상의 원인은 여러 가지가 있겠지만 그 근원은 교육격차이다. 학생들의 교육격차, 즉 교육기회 불평등이 학업성취도 격차를 불러오고, 성년이 된 후에는 소득격차를 발생시킨다. 그리고 부모의 소득격차는 다시 자녀의 교육격차로 이어지는 악순환이 되풀이되면서 양극화 현상은 점점 더 심각해지는 것이다. 방과후학교 자유수강권은 배우고 싶어도 돈이 없어 배우지 못하는 저소득층 및 차상위계층 자녀에게 배움의 기회를 제공함으로서 양극화의 근본 원인인 교육격차를 해소할 수 있는 바람직한 제도이다. 다만, 이제까지 운영하면서 나타난 문제점을 중심으로 개선 방안을 찾아 효율성을 높여야 한다.

(경기일보, 2011.02.23, 수요일, 26면)

'농산어촌 방과후학교' 살려야

저출산·고령화 현상이 심화되면서 농산어촌 지역은 인구 감소뿐만 아니라 가족 구성도 한부모·조부모 가정 및 다문화 가정이 많아져서 가정교육을 기대하기 힘들어졌다. 도시에 비해 문화적·경제적 여건이 열악하고, 학교 이외의 교육 인프라가 부족하여 많은 학부모들은 자녀교육을 대부분 학교에 의존하고 있기 때문에, 학교가 이에 대처할 수 있는 능력을 갖추는 일이 필요하다.

특히 지역사회의 문화·교육시설이 부족한 농산어촌에서는 학생들이 방과 후에 갈 곳이 없고, 이러한 학생들을 방치할 경우 탈선하기 쉬우며, 도시와의 학력 격차가 커져 이농현상이 더욱 심화될 가능성이 높다. 따라서 방과후학교는 농산어촌 지역의 학생들에게 방과 후에 양질의 배움과 돌봄을 제공할 수 있는 중요하고도 유일한 수단이다.

이처럼 농산어촌 방과후학교의 필요성은 절실하나, 현실적으로는 대부분의 학교가 소규모여서 적은 수강생과 불편한 교통으로 우수강사 확보가 쉽지 않고, 학부모의 낮은 경제적 여건으로 수익자 부담 운영이 어려워 이중 삼중의 고충을 겪고 있다. 시행 5년을 맞아 방과후학교가 나아가야 할 방향을 새롭게 모색해 보아야 할 시점에서 '농산어촌 방과후학교'를 살리기 위한 몇 가지 방안을 제언해 보고자 한다.

첫째, 방과후학교 거점학교 형태로 수준별 맞춤형 프로그램을 운영한다. 농산어촌 학교들은 대부분 소규모인데다 수강생이 적어 수준별 맞춤형 프로그램을 운영하기 어렵다. 따라서 권역별로 3~5개 학교를 연계하여 거점학교를 정하고, 방과 후에 거점학교에서 수준별 맞춤형 프로그램을 운영하는 것이다. 이를 위해서는 방과 후 수업 전에 학생들을 태워다 주고, 수업 후에 안전귀가가 이루어질 수 있도록 스쿨버스나 계약택시 같은 이동수단을 지원해 주어야 한다.

둘째, 우수강사를 확보하여 농산어촌 방과후학교의 질을 높여야 한다. 방과후학교 프로그램을 다양화하고 질적 수준을 향상시키기 위해 무엇보다 중요한 것은 우수강사 확보이다. 그러나 농산어촌은 도시에 비해 수강생이 적고, 먼 거리로 인해 이동시간과 교통비용이 더 소요되어 취업을 꺼리는 경우가 많기 때문에, 우수강사를 확보하기 위해서는 농산어촌 강사들에게 교통비와 특수여건 수당을 지원해 주어야 한다. 그 밖에 우수강사 중심으로 순회강사제 운영을 활성화하고, 업무경감을 통한 현직교사의 방과후학교 참여를 확대하며, 군 장병 및 사회복무요원을 강사로 활용하는 방안도 있을 수 있다.

셋째, 다문화가정 프로그램을 운영한다. 농산어촌을 중심으로 빠르게 증가하고 있는 다문화가정의 자녀를 대상으로 언어습득이나 읽기, 글쓰기, 기초 수학 같은 방과후학교 프로그램을 운영하여 사회 통합 및 문화 이해의 기회를 제공해 주어야 한다.

넷째, 지역사회 연계·협력을 위한 네트워크를 구축한다. 농산어촌의 경우, 도시에 비해 교육·문화 혜택이 부족하기 때문에 학교가 지역사회교육과 지역주민을 위한 다양한 방과후학교 프로그램을 운영하고, 질 향상을 위해 노력하여야 한다. 농산어촌 방과후학교 활성화를 위해 교육지원청과 지방자치단체가 보다 밀접한 연계·협력 관계를 유지하고, 지원센터가 중심이 되어 지자체, 대학, 기업, 지역사회 기관들과 협약을 맺어 지역사회에 있는 다양하고 풍부한 인적·물적 자원을 지속적·효율적으로 활용하도록 한다.

다섯째, 농산어촌 학교의 교육환경을 개선한다. 농산어촌 학생들이 보다 즐겁고 행복한 오후를 보낼 수 있도록 각종 시설과 교수·학습자료 등 교육환경을 개선해 주어야 한다.

방과후학교의 목표 중에 중요한 하나는 교육복지 구현이다. 교육복지를 구현하기 위해서는 교육격차를 해소하여야 하며, 방과후학교에서는 계층별 교육격차 해소를 위해 자유수강권을 주고, 지역별 교육격차 해소를 위해 농산어촌 방과후학교 사업비를 지원하고 있다. 그러나 자유수강권 예산은 해마다 늘었으나 농산어촌 방과후학교 사업비는 점점 줄어들고 있다. 이동수단 제공, 우수강사 확보, 다문화가정 프로그램 운영, 지역사회 연계·협력을 위한 네트워크 구축, 교육 환경 개선 등에 획기적이고 지속적인 지원을 통하여 '농산어촌 방과후학교'를 살려야 한다.

(경기일보, 2011.01.26, 수요일, 26면)

66

위탁운영으로 방과후학교 활성화를

방과후학교는 수요자(학생, 학부모) 중심으로 운영되는 정규 교육과정 이외의 학교교육 활동으로, 정규수업 이외의 시간에 학교에서 방과 후 교과, 특기적성, 보육 등의 다양한 프로그램을 개설·운영하는 것이라고 정의할 수 있으며, 기존의 초등 저학년 방과 후 교실, 특기적성교육, 수준별 보충학습을 통합한 것이다.

따라서 이제까지 방과후학교 관련 사업과 정책은 학생, 학부모의 수요자 측면에 초점을 두고 지원·운영되었다. 그 결과 2009년 10월 기준 한국교육개발원 통계자료에 의하면 우리나라 전체학교(11,164개교)의 99.9%(11,160개교)가 방과후학교를 운영하고, 전체 학생의 59.5%가 방과후학교에 참여한 것으로 나타나 비교적 만족스러운 성과를 거두었다.

이제 방과후학교를 한 단계 더 업그레이드시키기 위해서는 학교, 강사, 위탁기관 같은 공급자 측면의 논의가 병행되어야 한다고 본다. 다행히 2008년 교육과학기술부의

'4.15 학교 자율화 추진계획'에 따라 지역 및 학교에서 필요하다고 판단하는 경우, 방과후학교 프로그램에 대한 자율적인 민간참여 위탁운영이 가능하게 되었다. 그러나 대부분의 시·도 교육청은 비영리단체에 한하여 위탁을 허용하고 있을 뿐, 영리업체 위탁운영은 극히 일부 시·도 교육청에서만 허용되어 있고, 그것도 전부위탁이 아닌 프로그램별로 위탁하는 부분위탁만을 허용하고 있다. 또한 대부분의 단위학교에서도 민간참여 위탁운영에 부담을 가지고 있어 전국적인 확대와 추진은 답보상태에 머물고 있는 실정이다.

결국 민간참여 위탁운영은 방과후학교에 미치는 긍정적·부정적 측면을 정확하게 가늠하기 어렵기 때문에 학교급별로 시범 운영해본 후 장단점과 운영주체를 대상으로 의견수렴 과정을 거쳐 허용 여부를 신중하게 결정하여야 하겠지만, 일단 그 논의는 하루빨리 시작되어야 한다고 생각한다.

기존 학교장 중심의 방과후학교에 비하여 민간참여 위탁운영 시 예상되는 장점은 첫째, 연속성·전문성·체계성 보장에 따른 양질의 프로그램 제공으로 방과후학교의 경쟁력을 강화할 수 있다. 둘째, 다양한 강사 인재를 확보하여 다양한 강좌를 개설할 수 있어 수요자 선택권을 확대할 수 있다. 셋째, 방과후학교 담당교사의 업무를 경감할 수 있고, 학생을 안전하게 관리할 수 있다. 넷째, 일반 사교육기관에 비해 저렴한 수강료로 사교육비를 경감하여 수요자의 만족도를 향상시킬 수 있다.

반면 민간참여 위탁운영 시 예상되는 문제점으로는 첫

째, 지나친 영리추구로 인해 방과후학교의 취지와 목적이 변질될 우려가 있고, 학교로서는 영리목적의 운영을 통제할 제도적 장치가 미흡하다. 둘째, 공교육 경시 풍조에 따른 불신감이 조장되고, 현직 교사들의 사기가 저하될 수 있다. 셋째, 방과후학교가 영리업체 홍보 및 광고 수단으로 전락하고, 위탁기관 선정과정에서 각종 이권개입 등으로 교육 비리에 연루될 수 있다. 넷째, 특기적성이나 보육 영역보다는 교과영역 위주의 강좌 운영에 치우칠 수 있다.

이러한 민간참여 위탁운영의 문제점을 해소하기 위해서는 시·도 교육청별로 조직되어 있는 방과후학교지원센터 내에 민간참여 위탁 프로그램 심의위원회를 구성하고, 비영리 법인(기관, 단체)의 자격, 영리 법인(기관, 단체)의 자격, 투입되는 교사와 강사, 원어민 강사, 교재(콘텐츠) 관리 및 활용, 운영 관리 계획, 학업성취 관리 계획, 우수 사항 및 실적 등을 깊이 있게 심의하고, 단위학교의 위탁기관 선정 단계와 방법을 구체적으로 마련하여야 할 것이다.

민간참여 위탁운영은 방과후학교 프로그램의 다양화와 고품질의 질적 제고를 통해 교육수요자인 학생, 학부모의 선택권을 존중하여 공교육 기능을 보완할 수 있는 실천적 대안이다. 그러나 '4.15 학교 자율화 추진' 이후에도 일선 학교에서는 방과후학교 위탁운영이 시작 단계에서 주춤거리고 있다. 이것은 지금과 같은 여건으로는 단위학교가 위탁운영을 시도하기에는 부담감이 있고, 설사 위탁운영의 필요성과 취지에 공감하더라도 모범을 삼을 수 있는 방과후학교 위탁운영 모형이나 운영 자료가 매우 부족하기 때문이다. 우리 모두의 노력으로 위탁운영의 장점을 최대한 살리고, 문제점을 해소할 수 있는 방과후학교 위탁운영 모델을 구안·적용하여 공교육 강화 정책으로 정착되어 가고 있는 방과후학교가 더욱 활성화되기를 기대해 본다.

(경기일보, 2010.07.27, 화요일, 18면)

67

방과후학교 활성화를 위한 지원센터 역할

2010년 2월 발표된 통계에 의하면 방과후학교 프로그램에 참여하는 학생이 참여하지 않는 학생보다 사교육비를 연간 약 53만 원 적게 지출한 것으로 분석되고 있다. 이처럼 방과후학교 사업의 사교육 대체 역할이 학생, 학부모들로부터 긍정적인 평가를 받으면서, 지역과 단위학교의 방과후학교 활성화를 체계적으로 지원하기 위해 설치·운영되고 있는 방과후학교지원센터의 중요성이 보다 커지고 있다.

현재 전국적으로 130개가 운영되고 있는 방과후학교지원센터는 본래 여러 부처에서 추진되고 있는 다양한 방과후 교육활동을 연계·조정하고, 지역사회의 인적·물적 자원을 최대한 활용하여 그 동안 학교 중심으로 이루어지고 있는 방과후학교를 지역사회로 확대 운영할 수 있는 여건을 마련하며, 지역 내 다양한 방과 후 교육활동에 대한 정보를 수요자에게 체계적으로 제공해야 할 필요에 의해 설치되었다.

2006년 기존 방과 후 교육활동의 운영방식을 혁신적으로 바꾼 방과후학교가 전국적으로 운영되면서 당시 교육인적자원부에서는 '방과후학교에서 누구나 최고의 다양한 교육을! 5년 안에 사교육 수요를 학교 내로 흡수한다'는 비전을 제시한 바 있다. 이제 시행 5년을 맞아 방과후학교가 나아가야 할 새로운 방향을 모색해 보아야 할 시점에서 방과후학교 활성화를 위한 지원센터의 역할에 대해 몇 가지 제언해 보고자 한다.

첫째, 방과후학교지원센터의 설치·운영에 교육지원청과 지자체가 유기적인 연계체제를 구축해야 한다. 우선 설치 장소를 지방자치단체나 교육지원청으로 하여 공동으로 구성한다. 예를 들어 센터장은 지자체 또는 교육지원청의 과장급 이상으로 하고, 전담인력은 장학관, 장학사, 평생교육사 또는 사회복지사, 일반직, 사무직원 등 융통성 있게 구성할 수 있을 것이다.

둘째, 지자체와 교육지원청이 해야 할 일을 명료하게 구분하고 책임 있게 일을 수행한다. 예를 들면 센터 운영 및 발전 계획, 모니터링 계획, 성과분석 및 환류 계획, 홍보 계획 등은 처음에 공동으로 수립하고, 지자체는 예산지원, 지역사회 인적·물적 자원 발굴 및 연계협력 지원 등의 업무를 맡으며, 교육지원청은 연수, 프로그램 개발 및 적용, 우수사례 발굴 및 보급, 강사 관리 등의 업무를 맡으면 될 것이다.

셋째, 지자체와 교육지원청의 의사결정책임자(기관장, 주요부서장 등), 실무담당자(계장, 장학사 등)간에 정기적인 협의회를 통해 정보와 의견을 교류하고 사업을 조정해 나가야 하며, 현안에 따라서는 비정기적인 모임을 통해 인간적인 친교를 맺어 연계 협력을 강화한다.

넷째, 방과후학교지원센터를 중심으로 초·중·고등학교에서 운영하는 방과후학교, 대학에서 주도하는 사회적 기업, 지자체에서 운영하는 청소년아카데미, 지역아동센터, 지역보육센터, 예술·문화·스포츠 등 각종 돌봄 프로그램을 통합·연계 지원한다.

다섯째, 방과후학교지원센터는 지역 내 방과후학교 관련 정보센터 기능을 수행해야 한다. 우수강사 및 지역사회전문가, 자원봉사 인력풀을 구축하여 학교에 인력풀 정보를 제공하고, 강사에게는 강사채용 정보를 제공한다.

여섯째, 지속적인 연수를 통해 센터관계자들의 전문성을 제고하여 센터가 수행하는 업무의 질을 높이고, 각 급 학교의 방과후학교 운영에 대해 적극적으로 컨설팅 해준다.

일곱째, 방과후학교 콜센터를 운영한다. 교사, 학생, 학부모, 외부강사에게 각종 정보를 제공하고, 방과후학교와 관련하여 도움이 필요하거나 고충이 있을 때 문제를 해결해 주는 콜센터를 운영하는 것이다.

여덟째, 각 급 학교에서 지역사회의 다양한 인적·물적 자원을 언제든지 지속적으로 활용할 수 있도록 해당 기관이나 단체와 협약을 체결한다.

아홉째, 학교 간, 학교급 간 연계 프로그램 운영 방안을 연구·지원하고, 방과후학교 우수사례 확산, 우수 콘텐츠 보급에 앞장선다.

열째, 방과후학교지원센터에 대해 적극적으로 홍보한다. 교육지원청과 기초 지자체에서 운영하고 있는 지원센터의 역할과 사업 내용에 대해 학교의 담당교사, 학교장, 운영위원장, 지역주민을 대상으로 적극적으로 홍보하여 이용률을 높여야 한다.

방과후학교지원센터는 단위학교에서의 방과후학교 운영에 필요한 각종 정보 및 우수강사 인력풀을 제공하고, 효율적인 프로그램을 지원하며, 각 급 학교가 방과후학교를 추진하면서 당면하는 어려운 점을 해결해 줌으로써 학생, 교사, 학부모, 지역주민의 만족도를 향상시켜 주어야 한다. 이를 위해서는 지역사회의 인적·물적 자원을 최대한 효율적으로 활용하고, 지역과 단위학교의 방과후학교 활성화를 체계적으로 지원하는 방과후학교지원센터가 제 역할을 충실히 수행해야 한다.

(경기일보, 2011.01.17, 월요일, 21면)

68

방과후학교의 법적 근거 마련을

앨빈 토플러는 그의 저서 ≪부의 미래≫에서 고속도로 위를 달리는 자동차에 비유해 변화의 속도에 대해 설명하고 있다. 가장 빠른 자동차는 기업으로 160km이고, 이어서 시민단체 140km, 가족 95km, 노동조합 50km, 정부 관료조직 40km, 학교 15km, 국제기구 8km, 정치조직이 5km로 뒤따르고 있으며, 맨 꼴찌인 자동차는 바로 시속 1.5km로 움직이고 있는 법이라고 비유하면서 흔히들 '법은 살아 있다'고 이야기하지만 급변하는 현실을 제대로 반영하지 못한 채 간신히 목숨만 유지하고 있을 뿐이라고 지적하고 있다.

방과후학교는 수요자의 요구와 선택에 따라 수익자 부담 또는 재정 지원으로 이루어지는 정규수업 이외의 교육 및 보호 프로그램으로 2006년부터 학교현장에서 정부, 교육청, 지자체를 비롯한 지역사회의 협력과 지원에 힘입어 운영되고 있다. 물론 일부 부정적인 시각이 있는 것은 사실이지만 학교 참여율이 99.9%로 거의 모든 학교가 방과후학교를 운영하고 있고, 학생 참여율도 2006년 42.7%에서 매년 약 5%씩 증가하여 2011년 상반기 기준 65.2%를 보이고 있으며, 많은 학부모들로부터 "양질의 프로그램을 값싸게 제공받을 수 있어 좋다."는 평가를 받고 있다. 그런데 각 학교에서 방과후학교를 운영하고 있는 근거는 교육과학기술부가 제2009-41호로 고시한 초·중등교육과정 총론에 "학교는 학생과 학부모의 요구를 바탕으로 방과후학교 또는 방학 중 프로그램을 개설할 수 있으며, 학생의 자발적인 참여를 원칙으로 한다."라고 기술되어 있는 것과 초·중등교육법 32조 <학교운영위원회 심의(자문)사항> 중에 "정규학습 종료 후 또는 방학기간 중의 교육활동 및 수련에 관한 사항"이 포함되어 있을 뿐 그 밖의 법적 근거가 없는 실정이다. 앨빈 토플러가 지적한 대로 변화의 속도가 가장 느린 것이 법이라는 말이 딱 들어맞는 대목이다. 이러한 방과후학교 운영에 대한 법적 근거 미비는 방과후학교 활성화에 큰 장애 요인으로 작용하고 있다. 법적 근거가 없기 때문에 보다 튼튼한 지원을 받을 수 있는 다양한 제도를 만드는 데 많은 어려움이 있다.

첫째, 지자체, 대학, 시민단체, 아동청소년 관련기관, 기업, 군부대 등과의 협력체제 구축에 어려움이 있다. 방과후학교는 교육청이나 단위학교의 노력만으로는 활성화되기 어려우며, 지자체와 유관기관의 협력이 필수적이다. 물론 지금도 지자체와 유관기관의 협력 사례가 있긴 하지만 아직은 많이 미흡한 실정이다.

둘째, 예산 확보에 어려움이 있다. 방과후학교를 활성화하기 위해서는 소득 간·지역 간 교육격차 해소를 위한 자유수강권 발행과 농산어촌 지원, 돌봄 수요가 있는 모든 초등학교에 돌봄교실 확대, 교원의 업무부담 경감을 위한 전담보조인력 지원, 수준 높고 다양한 프로그램 편성을 위한 교사 및 외부강사 연수, 수업 참여 후 귀가 시까지의 학생안전관리 등에 충분한 예산이 확보되어야 한다. 그러나 현재는 대부분의 예산을 교육과학기술부에서 제시하는 방과후학교 사업비 기준재정 수요액 기준에 따라 각 시·도 교육청에서 확보하고 있는 실정이다.

방과후학교는 정규 교육과정과는 달리 매우 자율적이고 융통성 있게, 창의적으로 교육할 수 있고, 학교장의 관심과 교사의 열정만 있으면 지역사회의 우수한 인적·물적 자원을 활용하여 다양하면서도 질 높은 교육을 할 수 있다. 이를 통해 계층 간·지역 간에 심화되는 사회양극화 완화를 위해 교육격차를 획기적으로 해소할 수 있고, 맞벌이·결손가정·근로빈곤층의 급격한 증가로 방치된 나 홀로 학생을 안전하게 보살필 수 있으며, 우리 사회의 가장 큰 병폐인 사교육비를 경감시킬 수 있다. 더 나아가 학교교육 기능을 보완하고 확대하여 공교육을 내실화함으로써 미래사회에 대비하는 창의적인 인재를 육성할 수 있다. 방과후학교의 활성화를 위해 법적 근거가 조속히 마련되어야 한다.

(중부일보, 2011.12.09, 금요일, 21면)

69

행복한 방과후학교 운영을

행복은 인류가 추구하는 최고의 가치이며, 이 세상 모든 사람들의 공통된 소망이기도 하다. 그렇다면 미래의 주인공인 우리나라 학생들은 얼마나 행복하게 살고 있을까? 안타깝게도 우리나라 학생들의 행복지수는 경제협력개발기구(OECD) 23개 회원국 가운데 꼴찌로 나타났다. 한국방정환재단과 연세대 사회발전연구소가 '2011 한국 어린이·청소년 행복지수 국제비교'를 주제로 지난 3~4월 동안 전국 초등학교 4학년부터 고등학교 3학년까지의 학생 6,410명을 대상으로 설문 조사한 결과다.

올해 한국 어린이·청소년의 주관적 행복지수는 65.98점으로, 행복지수가 가장 높은 스페인(113.6점)보다 47.6점이 낮고, OECD 평균(100점)보다도 34점이 낮았다. 겨우 꼴찌를 면한 헝가리(86.7점)보다도 20점이나 낮았다. 이로써 우리나라는 2009년 64.3점, 2010년 65.1점에 이어 3년 연속 OECD국가 중 가장 낮은 '주관적 행복지수'를 기록했다. 즉 스스로 '나는 행복하다'고 느끼는 청소년이 제일 적다는 것이다.

반면, 한국의 어린이·청소년은 '교육', '행동과 생활양식' 항목에서는 1위를 차지하고, '물질적 행복'도 4위에 올랐으며 그 밖의 모든 분야에서도 고르게 중상위권을 유지한 것으로 조사됐다. 유일하게 주관적 행복지수에서만 꼴찌인 것이다.

그렇다면 우리나라 학생들에게 스트레스를 주는 가장 큰 원인은 무엇일까? 전국교직원노동조합 참교육연구소가 지난달 초등학교 5~6학년생 1,450명을 대상으로 설문조사한 결과를 공개했는데, '가장 많이 스트레스를 주는 것'으로 응답자 중 32%가 '학원 수강'을 꼽았고, '학업·성적 걱정'이 29%로 뒤를 이었다. 방과 후 가장 많은 시간을 보내는 곳도 '학원'(34.8%)이었다.

여기서 학생들의 행복지수는 '꼴찌'이고, 가장 큰 스트레스 원인은 '학원 수강'이라는 통계 결과는 비록 조사 기관과 대상, 기간이 다르긴 하지만 깊은 관련이 있어 보이며, 전국 99.9% 학교가 시행하고 있는 방과후학교 운영에도 시사하는 바가 큰 것 같다.

2006년 방과후학교가 도입되면서 당시 교육인적자원부에서는 '누구나 학교에서 최고의 다양한 교육을! 5년 안에 사교육 수요를 학교 내로 흡수한다'는 비전을 제시한 바 있다. 그러나 방과후학교 참여율이 2006년 42.7%, 2008년 54.3%, 2010년 63.3%로 꾸준히 증가하고는 있지만, 2010년에도 20조 9천억 원의 사교육비가 지출된 것으로 나타나 5년 안에 사교육 수요를 학교 내로 흡수한다는 비전은 달성하지 못했다.

이제는 양적 확대보다는 질적인 내실화를 통해 행복한

방과후학교를 운영하여야 하며, 그 방안을 몇 가지 제언해 보고자 한다.

첫째, 프로그램을 다양화해야 한다. 학교 내외의 인적·물적 자원을 최대한 활용하여 프로그램을 다양화해야 하며, 이는 방과후학교에 대한 수요자의 참여율과 만족도를 높일 수 있고, 선택폭을 확대할 수 있는 중요한 요인이다.

둘째, 수요자인 학생의 선택권을 존중해 주어야 한다. 학생들은 얼굴이 다른 것만큼이나 재능도 각자 다르다. 따라서 학생들이 재능에 따라 자유롭게 부서를 선택하여 놀이하듯이 즐겁게 참여하도록 하는 것이다. 이 과정에서 교사와 학부모는 상담을 통해 학생들의 부서선택에 도움을 주어야 하며, 반강제적으로 선택하게 해서는 안 된다. 수강인원이 적을 경우 폐강하기보다 학교 간 연계 운영이나 순회강사 활용 등으로 학생들의 선택권을 보장해 주어야 한다.

셋째, 학생의 자율적인 참여를 바탕으로 운영되어야 한다. 똑같은 일이지만 강요에 의해 하는 일에서는 즐거움이나 행복감을 느낄 수 없다. 자율적인 참여로 개개인의 소질과 잠재능력을 계발하면서 학교에서 행복한 오후를 보낼 수 있도록 운영하여야 한다.

넷째, 특기적성 중심으로 운영되어야 한다. 처음에는 특기적성 위주로 시작되었던 방과후학교가 교과 프로그램 운영이 가능해지면서 2008년부터 교과 강좌 수가 급증해 2010년에는 절반이 넘는 68.5%가 교과 강좌로 구성되어 있는 실정이다. 방과후학교에 역점을 두는 학교일수록 정규 교육과정을 충실히 운영하여 교과 영역의 학업성취도를 높이고, 방과 후에는 특기적성 중심 교육을 실시하여야 한다. 만약 정규 교육과정에서 공부에 지친 학생들에게 또 다시 교과 위주의 방과후학교를 운영한다면 즐겁고 행복한 학교생활을 하기 어려울 것이다.

학교는 학생들에게 자신의 잠재능력을 계발할 수 있도록 해주고 그 과정에서 진로를 탐색하여, 행복감 속에서 밝은 미래를 열어갈 수 있도록 도와주어야 한다. 이를 위해 학생들의 행복지수를 높여 주고, 미래를 살아갈 수 있는 힘을 길러 주는 행복한 방과후학교를 운영해 보자. 학생이 행복해야 미래의 대한민국이 행복하다.

(중부일보, 2011.05.25, 수요일, 21면)

제6부

초등생 졸업논문

초등학생들이 '졸업논문'을 쓴다? 누구나 고개를 갸우뚱해 할 이 이야기는 1996~98년 수원 매산초등학교의 실제 상황입니다.

누구나 교직생활에서 잊지 못할 추억이 있기 마련인데, 저의 경우 매산초등학교에서 졸업논문 쓰기를 지도한 경험이 가장 보람 있었습니다. 기발한 창의력이 가득한 초등학생들의 논문, 그 내용과 지도 방법을 소개합니다. 당시 국민일보 호임수 기자가 촬영한 사진으로 졸업논문집 ≪배우며 연구하며≫를 들고 활짝 웃고 있는 매산초등학교 아이들의 모습입니다.

70

쉿! 지금은 논문집필 중

초등생 졸업논문 '기발한 창의력' 가득

초등학생도 '졸업논문'을 쓴다고? 고개를 갸우뚱하겠지만 사실이다. 수원 매산초등학교 어린이들이 그 주인공. 이 학교 6학년 학생이라면 누구나 졸업장을 받기 위해 '논문'을 써야 한다.

'졸업논문제'는 학교에서 지난 96년부터 아이들의 창의성과 표현능력을 길러 주기 위해 만든 프로그램이다. 그렇다고 '강압적일 것'이라고 지레짐작할 필요는 없다. 팀을 만들고 주제를 정하는 것 등 거의 모든 일이 '아이들 자율'에 맡겨지기 때문이다. 교사는 단지 '조타수' 역할만 할 뿐이다.

먼저 학기 초가 되면 학생들이 두 명에서 네 명 단위로 모여 한 팀을 만든다. 연구팀을 누구로 할 것인지는 전적으로 아이들 몫이다. 마음 맞는 친구들끼리 헤쳐 모여를 하면 그만이다. 단, 이때 팀원이 너무 많으면 소외되는 사람이 생기기 때문에 4명을 넘어서는 안 된다.

팀을 구성하고 나면 팀별로 연구주제를 자율적으로 결

정하게 된다. 주제를 정할 때도 딱히 정해진 형식이 없다. 그냥 평소 궁금하게 여기던 것을 주제로 삼는다면 다소 엉뚱하더라도 문제될 것이 없다. 마지막으로 정종민(42) 교사가 연구주제에 따라 팀별로 지도교사를 위촉한다. 가령 어떤 팀이 외래어를 연구하고 싶다면 국어 특기 교사를, 개미의 생활을 연구하고 싶다면 과학 특기 교사를 위촉하는 식이다. 학생들과 지도교사는 이렇게 졸업논문을 준비하기 시작한다.

은호와 초희는 수원에 자리한 광교산 계곡의 오염도를 연구하고 있다. 우리나라 하천이 계속 오염되고 있다는 보도를 보고 내가 살고 있는 지역의 하천은 얼마나 깨끗할까? 호기심이 생긴 것이다. 하지만 은호와 초희에게 물의 오염도를 측정하는 특별한 장비가 있을 턱이 없었다. 선생님과 의논 끝에 물속에 살고 있는 벌레를 관찰하는 것만으로도 물의 맑기를 측정할 수 있다는 사실을 알 수 있었다. 가장 깨끗한 1급수에서는 플라나리아와 옆새우가, 2급수에서는 하루살이 류가 살고 있다는 것이다. 은호와 초희는 다리가 퉁퉁 붓도록 광교산 일대를 돌아다녔다. 그 결과 광교산 계곡이 하류 쪽으로 갈수록 더러워지는 것은 근처 목장의 축산폐수 때문이라고 결론을 내렸다.

하나(13)는 친구가 전학을 가는 바람에 혼자 논문을 준비하느라 정신이 없다. 하나의 연구주제는 '혈액형에 따라 좋아하는 색깔이 다를 수 있는가'이다. 친구들이나 가족들의 생일 선물을 고를 때마다 어떤 색을 좋아할지 늘 고민스러웠던 경험 때문에 이런 주제를 선택했다는 것이다. 하나는 지금 4, 5, 6학년 학생들을 대상으로 혈액형과 좋아하는 색깔을 묻는 설문지를 돌리고 있다. 혈액형에 따라 좋아하는 색깔이 정해져 있다면 선물 고르기가 훨씬 쉬워질 것이다.

선화는 '잠자리가 나뭇가지에 앉는 방향은 햇빛과 어떤 관계가 있을까'라는 주제로 연구 중이다. 예리한 관찰력과 연구결과가 기대되는 주제이다. '남자와 여자는 왜 다른가', '여자 아이들은 어떤 스타일의 남학생을 좋아하는가'라는 이 또래 아이들이 의문을 가질 만한 소박한 주제도 있다. '초등학생들은 스트레스를 받으면 어떻게 해소하는가'라는 주제는 요즘 아이들의 단면을 보여준다. 학생들의 졸업논문은 교내 발표대회를 거쳐 소중한 한권의 책으로 묶여 나온다.

학생들은 졸업논문을 준비하면서 스스로 문제를 해결해 나가는 방식을 배운다. 하지만 지도교사가 너무 관여를 하게 되면 오히려 역효과가 날 수 있다고 정종민 교사는 지적한다. '번듯한' 논문을 만들려고 욕심을 부리다가는 오히려 학생들의 창의성만 말살시킬 수 있다는 것이다. "지도교사는 너무 높은 수준의 요구를 하지 말아야 합니다. 다소 엉뚱하고 조잡해 보이더라도 그대로 인정해 주고 큰 방향만 잡아 주는 자세가 필요하죠." 이 학교에서 졸업논문제가 정착할 수 있었던 이유는 이렇게 '어린이 눈높이' 원칙을 철저하게 지켰기 때문인 듯하다.(한겨레21, 1998. 09. 17, 제225호)

다음은 이 기사와 함께 실린 수원 매산초등학교 정종민 교사의 글이다.

아이들에게 표현의 기회를 주자

지금 각 학교에서는 21세기의 고도산업사회, 정보화 사회에 적응할 수 있는 창의적인 인간을 기르기 위해 부단히 노력하고 있다. 그런데도 우리 아이들은 창의적인 사람으로 자라고 있는가? 하는 물음에는 쉽게 동의할 수 없다.

학교 현장에서 창의성 교육의 문제점은 표현 기회의 부족이라고 생각한다. 아이들은 자기 생각을 말이나 글, 그림, 소리, 신체 동작 등으로 표현해 보는 것을 즐거워하고 자랑스러워한다. 하지만 실제로 아이들에게 이런 기회는 많이 주어지지 않는 게 현실이다. 우리 학교에서 실시하고 있는 학생논문쓰기는 아이들에게 가능한 한 표현의 기회를 많이 주기 위한 프로그램이라고 할 수 있다.

올해로 3년째인 학생논문쓰기는 6학년의 모든 학생이 참여하고, 학생이 정한 주제에 따라 책임지도교사를 위촉해 연구 활동, 논문 작성, 교내 논문 발표대회 준비, 논문집 발간의 전 과정을 지도하고 있다. 솔직히 말해 처음에는 과연 초등학생들이 논문을 쓸 수 있을까, 초등학생이 쓰는 논문은 어떠한 체제로 어느 정도의 수준이면 될까 자신이 없었다. 하지만 시간이 흐르면서 여러 선생님들의 좋은 의견이 모아졌다. 처음엔 지도교사의 열의와 방법 등에 따라 학생들의 논문이 많은 차이를 보였지만 지도 방법에 대한 토의와 논의 등을 거듭하면서 지금은 일정한 틀을 잡아가고 있다.

아이들도 많은 변화를 보이고 있다. 4~5학년만 되면 6학년이 돼 논문을 써야 한다며 미리 컴퓨터를 배우기도 하고, 주제를 잡기 위해 사물을 유심히 관찰한다. 6학년이 되면 논문 지도 선생님은 어느 분이 될까, 남다른 설렘과 기대감을 안고 새 학년을 기다리기도 한다.

논문 작성에 어려움이 생길 때마다 기발한 아이디어를 내는 쪽은 언제나 아이들이다. '초등학교 6학년 교과서에 나오는 외래어 조사연구'를 한 민영이는 외래어 대신 쓸 수 있는 새로운 우리말을 만들 때 '프로그램'은 '길잡이', '바이올린'은 '깽깽이', '케이크'는 '모양 빵' 등의 재미있는 말을 만들어 내 교실을 웃음바다로 만들기도 했다.

비록 작은 실천이지만 논문쓰기는 아이들의 창의성 계발이나 행동변화에 영향을 미치고 있다고 확신한다. 이 아이들이 자라서 만들어 갈 살맛나는 세상을 머릿속에 그리며 오늘도 아이들과 함께 하루 일과를 시작한다.

71

"왜! 내가 쓴 논문이네" 개구쟁이들 뜻 깊은 졸업선물

수원 매산초등학교 매년 6학년에 논문쓰기 큰 호응
파리는 어떤 색을 좋아할까, 동물도 감정이 있을까 등
평소 궁금했던 주제 택해 올해도 1백35명 전원 참여
2~3명이 한조로 실험·관찰……지도교사 도움 직접 완성케

"여름에 엄마가 널어놓은 빨래가 거의 다 말랐는데 파리가 날아들었어요. 그런데 다른 색 빨래도 많은데 꼭 흰색 빨래에만 날아들더라고요. 그래서 파리도 좋아하는 색깔이 있나 실험해 보기로 했죠."

'파리는 어떤 색을 좋아할까?'라는 궁금증을 해결하기 위해 논문을 시작한 광진이랑 동우는 흰색, 노랑, 주황, 빨강, 검정색 등의 색종이 위에 밥을 조금 얹어 놓고 파리가 가장 많이 앉는 색이 어디인가를 관찰했다.

수가 헷갈리기도 했지만 15분 동안 5분 간격으로 날아드는 마지막 한 마리까지 놓치지 않고 기록을 했다.

"흰색이 가장 많았고 그 다음은 노란색, 주황색 순이었어요. 밝은 색을 좋아하나 봐요. 실험하고 나서 보통 황토색인 파리잡이 끈끈이의 색을 흰색으로 바꾸면 파리가 더 많이 잡히지 않을까 하는 생각을 했어요."

파리가 좋아하는 색깔이 궁금한 아이도 있었지만 병아

리 울음소리가 궁금했던 아이도 있었다.

혜영이는 '삐약삐약' 정도로만 알고 있던 병아리 울음소리가 병아리의 감정에 따라 달라진다는 것을 관찰로 알아냈다.

"사람처럼 병아리도 자기 감정이 있어요. 화날 땐 큰소리치고, 슬프면 울고, 기쁠 때 웃는 건 마찬가지더라고요. 주인이 옆에 있을 땐 '빡빡', 물을 안주면 '비악비악'하고 울었어요. 동물에게도 감정이 있다고 생각했어요."

한두 시간에 알아낼 수 없을 뿐더러 세심한 관찰이 필요한 일이다.

하지만 수원의 매산초등학교(교장 김현규)에서 이 정도는 보통이다. 해마다 6학년이 되면 모두 써야 하는 이른바 '졸업논문' 덕이다.

135명의 올해 졸업생들이 완성한 논문은 모두 61편. 대부분 둘 혹은 셋이 한 조가 되어 한 학생도 빠짐없이 참여했다.

'지도교사제'를 채택. 모든 교사가 2~3팀의 논문 작성 과정을 1년 동안 지켜보며 도와준다.

'개미는 과연 어떤 흙을 좋아할까', '소금 첨가량과 발효기간이 깍두기의 숙성 정도에 미치는 영향', '우리 고장 공기오염 실태조사', '혈액형과 좋아하는 음식은 어떤 관계가 있을까' 등 논문의 주제는 그야말로 천차만별이지만 한결같이 흥미로운 발상에서 출발하고 있다.

아이들의 실험방법도 제각각. 병아리 울음소리 실험을 한 혜영이는 병아리를 상자 두 개에 나눠 키우며 시시각각 병아리 소리를 들었다.

처음엔 녹음기를 사용했는데, 아무리 소리를 높여도 제

대로 들리지 않아 결국은 귀로 들리는 만큼만 기록했다.

"엄마가 건강에 좋다며 해주는 음식은 너무 싱거워 음식 맛을 느끼지 못할 정도였다."는 기혁이는 "그래서 과연 맛은 사람마다 얼마나 틀릴까를 친구 일두와 함께 연구했다."고 말했다.

둘은 남녀 각 연령층을 대상으로 물에 식초, 설탕, 겨자, 고춧가루 등을 한꺼번에 섞은 시약을 맛보게 해 가장 예민한 계층을 조사했다. 기혁이와 일두에 의하면 대부분 주부인 성인 여자 계층이 압도적으로 맛 분별 능력이 뛰어나다고 한다.

과일에 꽂힌 구리판과 아연판이 과일 속에 있는 구연산과 반응하여 전류를 발생시킨다는 사실을 직접 실험을 통해서 탐구해 낸 인희와 민경이는 같이 실험을 하면서 친한 친구가 됐다.

관찰이나 실험 논문만 있는 것도 아니다.

현주와 지아는 'IMF 전과 후 아이들이 갖고 있는 외제품 조사'를 하기 위해 설문지를 1백 부나 돌렸고 '초등학교 6학년 교과서에 나오는 외래어 조사연구'를 한 민영이는 외래어 대신 쓸 수 있는 우리말을 재미있게 지어내 교실을 웃음바다로 만들기도 했다. 프로그램은 진행길잡이, 바이올린은 깽깽이, 케이크는 모양 빵 등등.

모두들 쉽게 넘겨 버릴 만한 궁금증을 실험을 통해 풀 수 있었던 것은 이 아이들이 매산초등학교 6학년이었기에 가능했다. 다른 곳이었다면 아마도 면박을 받았을 것이다. '도대체 왜 그게 궁금한 거야? 공부나 해!' 하고.

지난 12일 6학년 아이들은 자신의 논문이 실려 있는 논문집 ≪배우며 연구하며≫를 손에 들고 졸업을 했다.

졸업생 135명 모두 저마다 자신들이 쓴 논문을 읽으며 "중학교에서도 궁금한 게 생기면 연구할래요."라고 떠들었지만 교사들은 웃음 뒤에 안타까움을 감추고 있었다. 입시 교육의 현실을 잘 알고 있기 때문이었다.

정승훈 shjung@kukminlbo.co.kr (국민일보, 1999.02.23, 화요일, 17면)

다음은 졸업논문을 지도한 정종민 교사를 면담한 정승훈 기자의 글이다.

"자신감·관찰력 눈에 띄게 달라졌어요."

"학생들의 창의력을 개발하기 위해서는 무엇보다 자신감을 심어 주는 것이 중요합니다. 자기 생각에 대해 자신이 없다면 새로운 생각을 하거나 표현할 수 없기 때문이죠."

수원 매산초등학교 정종민 교사(42). 어린 학생들의 창의력 교육을 위해 고민하다 졸업논문 쓰기를 제안했던 그는 3년째 논문을 지도하면서 자신감이 창의력 개발의 원동력임을 깨달았다고 말한다. 하지만 정 교사 스스로도 처음 제안했을 땐 초등학생들이 제대로 논문을 쓸 수 있을까에 대해 회의적이었다고 고백한다.

정 교사가 말하는 가장 큰 변화는 모두가 참여하고 모든 논문이 책에 수록되기 때문에 학생들이 자신감을 갖게 됐다는 것. 그는 "색다른 아이디어를 가진 학생을 '엉뚱한 녀석'으로 취급하는 기존의 학교 교육이 학생들을 수동적으로 만드는 주범."이라고 지적했다.

학생들이 주변의 사물을 좀 더 자세하고 주의 깊게 관찰하는 습관도 달라진 모습이다. 현장학습이나 소풍을 다녀와서 그림그리기나 글짓기를 하면 제대로 하는 학생이 과거엔 많지 않았는데 이젠 대부분이 어려움 없이 글과 그림으로 표현한다는 것. 6학년뿐만 아니라 저학년들도 논문에 대한 얘기를 들어서인지 관찰력이 눈에 띄게 좋아졌다는 게 교사들의 일치된 견해다.

초등학교 졸업을 하자마자 입시 공부에 빠져들어야 하는 교육 현실을 안타까워하는 정교사는 가정에서 부모와 자녀가 함께 할 수 있는 창의력 훈련 프로그램을 만들기 위해 연구 중이라고 밝혔다.

"비록 작은 실천이지만 논문쓰기는 분명 아이들의 창의성 계발이나 행동변화에 영향을 미치고 있다고 확신한다."는 정 교사의 자신감이 퍽 믿음직스럽게 느껴졌다.

정승훈 기자(국민일보, 1999.02.23, 화요일, 17면)

72

아이들은 모두 탐구박사

"이제부터 실습생끼리도 김 선생님, 박 선생님이라고 불러야 합니다."

교생실습 첫날 지도교사로부터 이런 말을 듣고 쑥스러워 동료들과 키득키득 웃던 일이 엊그제 같은데, 어느덧 20여 년의 세월이 흘렀다. 이젠 누군가 '선생님'이라는 말만 해도 무의식적으로 쳐다보게 된다. 그동안 아이들을 가르치면서 많은 기억들이 있지만, 지난 3년간 수원의 매산초등학교에서 6학년들에게 '졸업논문 쓰기'를 지도했던 일은 무척 각별하다.

아이들은 자기의 생각을 말이나 글, 그림, 소리, 신체 동작 등으로 표현하는 것을 즐거워하고 자랑스러워한다. 그래서 아이들에게 표현의 기회를 마련해주기 위해 논문쓰기를 시작했으나 처음에는 '과연 초등학생들이 할 수 있을까?' 하고 스스로도 확신이 서지 않았다. 하지만 시간이 흐를수록 여러 선생님들의 좋은 의견이 모아졌고, 아이들도 많은 변화를 보여 논문집 ≪배우며 연구하며≫까지 내게 되었다.

연구에 어려움이 생길 때마다 기발한 아이디어를 내는 쪽은 언제나 아이들이었다. '초등학교 6학년 교과서에 나오는 외래어 조사연구'를 한 민영이는 외래어 대신 쓸 수 있는 우리말을 찾았다. '프로그램은 진행 길잡이, 바이올린은 깽깽이, 케이크는 모양 빵' 등의 재미있는 아이디어로 온 교실을 웃음바다로 만들었다.

사과나 오이에서도 전류가 발생된다는 말을 듣고 인희와 민경이는 '채소와 과일의 종류에 따라 발생되는 전류의 세기는 어떻게 다를까?'를 연구했다. 도중에, 채소나 과일을 건전지 모양으로 만들어 시계에 넣었는데 시계 바늘이 움직이지 않는다며 울상이 되어 "선생님 어떻게 해요? 주제를 바꿀까요?" 하고 보채도 정작 담당선생인, 나는 "글쎄 무슨 좋은 방법이 없을까?"라는 말만 되풀이 했다. 그러던 어느 날 "선생님 검류계를 사용하면 어떨까요? 과일에서 나오는 전류가 약해서 시계 바늘이 움직이지 않을 수도 있잖아요?"라고 의견을 내었다. 이렇게 해서 아이들은 과일에 꽂힌 구리판과 아연판이 과일 속에 있는 구연산과 반응, 전류를 발생시킨다는 사실을 직접 알아내기에 이르렀다.

'병아리의 말소리 연구'라는 혜영이의 논문 주제를 보고 재미있는 주제이지만 솔직히 '이런 주제로 논문을 쓸 수 있을까?' 하는 의문이 들었다. 그래서 "어떻게 연구할 거니?" 하고 물으니 의외로 "소리의 간격을 초시계로 재고, 크기를 기록하면 어떨까요?"라는 과학적 방법을 제시하기에 연구를 계속 진행해 보기로 했다. 엉뚱한 연구 같던 혜영이의 연구는, 보통 때 병아리는 '비육비육', 배고플 때는 '비악비악', 먹이를 주면 '비비비비', 반가우면 '빽빽' 하고 운다는, 놀라운 성과를 거두었다.

또한 '잠자리가 나뭇가지에 앉는 방향은 햇빛과 어떤 관계가 있을까?'를 연구한 선화도 기특하기만 하다. 어른들이라면 무심코 지나쳐 버릴 잠자리의 앉는 모습도 아이들은 예사롭게 보지 않은 모양이다.

'파리는 어떤 색을 좋아할까?', '벌은 자기 집을 어떻게 찾아오나?', '기름이 세제를 만났을 때', '달팽이의 먹이에 따라 배설물은 어떻게 다를까?' 등의 주제로 논문을 쓰면서 아이들은 이제까지 무심코 보아 넘겼던 주변 사물을 유심히 관찰하는 습관을 갖게 되었다. 그리고 무엇보다도 자신감을 가지게 되었다. 처음 논문을 시작할 때만 해도 아이들은 '내가 어떻게………'라며 자신 없어 한다. 그러나 마치 계단을 오르듯 차근차근 탐구하고 논문을 쓰며 자신의 연구가 활자화되는 것을 본 아이들은 성취감을 느끼고 매사에 자신감을 갖게 되었던 것이다.

그런 아이들을 곁에서 보며 내가 가르치고 보람을 느끼듯 아이들도 초등학교의 아름다운 추억으로 간직할 수 있으리라는 생각을 해본다. 비록 작은 실천이지만 논문쓰기에 대한 추억은 아이들이 앞으로 살아가는 데 많은 도움을 줄 것이다. 기특한 우리 아이들이 자라 만들어 갈 살맛나는 세상을 그리며 나는 오늘도 아이들과 하루를 시작한다.

(샘터, 1999년 4월호 70~71면 〈선생님, 우리 선생님〉)

73

초등학생들은 어떤 이성 친구를 좋아하나?

수원 매산초등학교 6학년생 전원참가, 엉뚱한 주제
기발한 상상력 가득한 재미있는 논문 구경하기

경기도 수원시 매산초등학교(교장 김현규)의 학생들은 6학년이 되면 학기 초부터 팀을 짜고 연구주제를 정하느라 부산하다. 연구내용을 잡아 제출하면 주제에 따라 지도교사가 정해져 아이들의 연구를 지도한다. 하지만 선생님들이 개입하는 정도는 극히 적다. 어려운 벽에 부딪치면 수시로 선생님을 찾아 상의하는 것이 고작. 연구방법을 정하고, 데이터를 분석하고, 컴퓨터를 이용하여 논문을 작성하는 일까지 모든 과정을 어린 학생들이 '알아서' 한다. 문집에 실린 논문들이 모두 아이들이 제출한 그대로를 엮을 정도다. 제출된 논문은 발표대회를 열어 아이들에게 논문을 직접 발표하게 하고, 논문집은 졸업식장에서 졸업장과 함께 학생 전원에게 '수여'된다.

연구와 논문작성에 소요되는 시간은 대략 5~6개월. 이 동안 아이들의 고생은 이만저만이 아닐 터. 밤을 꼬박 새우기도 하고, 너무 힘이 들어 눈물을 찔끔 흘리기도 하고, 너무 어려운 주제를 잡았다고 처음 제안한 팀의 친구를 새우 눈으로 째려보기도 한다. 하지만 자신의 이름이 담긴

연구논문집을 받아 들고 나면 아이들은 소중한 추억과 함께 '해냈다'는 성취감을 얻게 된다.

논문의 내용은 어른들의 굳은 머리로는 상상 못할 톡톡 튀는 것들로 가득하다. 간혹은 다소 엉뚱하거나 결론을 내기 어려운 주제가 있더라도 아이들의 창의력을 키워 주기 위해 그대로 수용한 때문이다. '어린 학자'들의 '기상천외한 학문의 세계'를 엿보기로 하자.

초등학교 학생들은 어떤 이성 친구를 좋아할까?

– 연구자 6학년 3반 고세희·이수경

동기 6학년에 올라와서 이성 친구에 대한 이야기를 무척 많이 하게 되었다. 좋아하는 아이의 관심을 끌기 위해 공부도 열심히 하고, 음식을 적게 먹어 몸무게를 뺀다는 친구들도 있다. 초등학생들은 어떤 친구들을 좋아하는지 의문이 들기 시작했다.

내용 조사대상 매산초등학교 학생 100명(남학생 51명, 여학생 49명). 신체적인 면에서 뚱뚱한 친구와 날씬한 친구, 키 큰 친구와 키가 작은 친구 중 누굴 좋아할까 조사했다. 특기면에서는 공부와 운동·노래·그림·춤을 잘 추는 학생과 그렇지 않은 친구들 중 누구를 더 좋아하는지 궁금했다.

결과 △남학생 여학생 모두 날씬한 친구를 더 좋아했으나 남학생(96.1%)이 여학생(82.7%)보다 더 많이 좋아했다. △키 큰 이성 친구를 좋아하는 비율은 남학생(51.9%)보다 여학생(87.8%)이 더욱 높은 것으로 나타났다. △특기면에서도 남학생과 여학생 모두 공부와 특기를 잘하는 친구들을 좋아하는 것으로 답했다.

세희와 수경이는 좋아하는 이성 친구에게 잘 보이려고 밥을 굶는 친구의 노력이 잘못된 것은 아니라는 것을 새삼 확인했다. 하지만 외모와 특기 못지않게 성격과 마음씨도 친구를 좋아하는 데 있어 중요한 요인인데 이번 조사에서 빠진 것이 아쉽다.

IMF이전과 IMF 이후에 아이들이 찾고 있는 외제품 조사

-연구자 6학년 3반 박현주·박지아

동기 IMF를 극복하기 위해 외화낭비를 줄이고 사치를 하지 말자고 하는데, 과연 우리 어린이들의 외제품 사용이 어느 정도 줄어들었는지 궁금해서 이 연구를 시작하게 되었다.

내용 매산초등학교 6학년 학생 100명에게 설문지를 배포, 86개를 회수하여 분석했다.

결과 △IMF 이전에 갖고 있던 외제품은 펜(42%)-샤프(16%)-필통(6%)순, △IMF 이전에 갖고 있던 외제품의 수는 3개 이상(36%)-2개(35%)-1개(23%)-없음(6%), △IMF 후에 갖게 된 외제품 수는 1개 이하(34%)-없음(29%)-2개(22%)-3개 이상(15%)순으로 외제품 사용이 줄어든 것으로 나타났다. △어린이들이 갖고 있는 외제품의 가격은 100원~1,500원이 가장 많았으며, 모양이 예뻐서 외제물건을 사게 된 경우가 제일 많았다.

현주와 지아는 우리 어린이들도 외제물건을 사는 것을 자제하여 IMF 극복에 적극 참여한다는 사실을 발견하고 무척 좋았다. 앞으로 외제품 사용을 더욱 줄이자고 약속했으며 가족들도 설득하기로 했다.

소금 첨가량과 발효기간이 깍두기의 숙성 정도에 미치는 영향

– 연구자 6학년 3반 김미정·한송이

동기 어느 날 깍두기를 담가보고 싶어 엄마가 하시는 대로 흉내를 내어 담갔다. 그런데 하루가 지났는데 아주 신맛이 나서 왜 그럴까 궁금했다. 적당한 소금의 양과 어느 정도 숙성시켜야 할지 알고 싶었다.

내용 1차로 무(300g) 3개에 소금의 양을 1스푼, 2스푼, 3스푼으로 달리하여 넣어 밀봉한 후 1주일 후에 맛을 보았다. 2차로 무(300g) 3개에 같은 양의 소금을 넣고 밀봉한 후 3일 후, 1주일 후, 10일후 하나씩 개봉하여 맛을 보았다.

결과 소금의 양에 따른 변화에 대해서는 △1스푼인 경우 신맛이 너무 나서 눈물이 날 지경이었다. △2스푼의 경우 1스푼보다 덜 시었다. △3스푼의 경우 그래도 가장 먹을 만했으며 군침이 도는 냄새가 났다. 숙성기간에 따른 변화에 대해서는 △3일 후 달콤하고 먹음직스러운 맛이 좋았다. △1주일 후 신맛이 너무 나서 눈물이 날 지경이었다. △10일 후 맛이 무르고 물이 많아져서 이상했다.

미정이와 송이는 무 300g으로 깍두기를 담글 때는 소금 4스푼과 3일 정도의 숙성기간이 적당하다는 사실을 알아냈다. 온갖 음식이 재료에 따라 알맞은 소금의 양과 숙성기간이 필요하니 요리사라는 직업이 결코 쉽지 않다는 사실도 깨닫게 되었다. 앞으로 온도에 따른 깍두기의 숙성 정도에 대해서도 연구해 보고 싶다.

어린이들이 주고 싶거나 받고 싶어 하는 선물은 무엇일까?

– 연구자 6학년 1반 조윤주·김은지

동기 친구 생일선물을 살 때마다 무엇을 사야 할지 생각을 많이 한다. 선물 고민을 덜어 주고 쓸데없는 선물을 사서 돈을 낭비하는 것을 없애 주고 싶었다.

내용 매산초등학교 어린이 100명(4, 6학년 각 50명)을 대상으로 설문조사. 선물의 종류는 멋 내기 물건, 학용품, 유행물건, 장식품, 음식, 기타로 제시.

결과 △4학년 어린이는 학용품을 좋아했으며 장식품도 높은 비율을 차지했다. △6학년 어린이의 경우 장식품이나 유행하는 물건일 것이라는 예상을 뒤엎고 학용품인 것으로 나타났다. ▷기타의 경우 책이 많았다. ▷학용품을 좋아하는 이유는 '싸니까', '공부 열심히 하라고' 등.

윤주와 은지는 설문을 회수하고 문항별로 읽어 통계를 내느라 푹푹 찌는 삼복더위에 머리가 지끈거릴 정도였다. 하지만 설문조사를 통해 어린이들도 IMF 이래 더욱 검소해졌다는 반가운 사실을 발견해 기뻤다.

엄마 손톱 내 손톱

– 연구자 6학년 2반 박선미 · 최초롱 · 노하늘 · 김초희

동기 작년 여름 외할머니 댁에서 봉숭아물을 들였는데, 내 손톱에는 봉숭아물이 잘 들지 않았고 사촌동생은 아주 예쁘게 들었다. 나도 어떻게 하면 봉숭아물이 잘 들 수 있을까, 생각하다가 실험해 보기로 했다. 어른과 아이 중 누구 손톱에 봉숭아물이 잘 들까? 봉숭아 말고 다른 꽃으로는 손톱에 물을 들일 수 없을까?

내용 ① 봉숭아꽃 4송이+이파리 6잎+백반 20g, ② 봉숭아꽃 4송이+이파리 6잎+백반 30g, ③ 이파리 6잎+백반 20g, ④ 장미꽃 2송이+백반 20g으로 물들이는 방법을 달리하고 엄마와 내 손톱에 물을 들여 보았다.

결과 △물이 잘 든 것은 봉숭아와 이파리를 섞은 ①번 △장미꽃은 봉숭아보다 진한 색이라서 더 잘 들 줄 알았는데, 물이 들기는 했지만 연보라색으로 예쁘지 않음을 발견했다. △어른보다는 어린이 손톱에 물이 더 예쁘게 든다.

선미와 초롱이, 하늘이, 초희는 여름 내내 봉숭아를 구하느라고 애를 먹었다. 장미꽃물이 예쁘지 않다는 것을 알았지만 다른 꽃이나 열매, 뿌리 같은 것으로도 손톱물을 들일 수 있지 않을까 다시 궁금해졌다. 또 백반 대신에 설탕이나 소금을 넣었을 때는 빛깔이 어떻게 되는지도 알고 싶어졌다.

합성세제의 종류에 따라 금붕어에게 미치는 영향은 어떻게 다를까?

– 연구자 6학년 2반 정정숙 · 김정미 · 김한샘 · 김민영

동기 뉴스에서 환경오염으로 많은 물고기들이 기형으로 변하거나 떼죽음을 당한 모습을 보았다. 어떤 세제가 물고기에게 많은 피해를 주고 어떤 세제가 피해를 적게 주는지 알고 싶어서 연구를 시작하게 되었다.

내용 시장에서 샴푸 · 비누 · 빨래세제 · 퐁퐁류 총 44종의 종류와 표시성분을 조사하여 각 1종씩을 택한 후 맑은 물이 든 비커에 양을 달리하여 세제를 섞고 금붕어를 비커에 넣어 금붕어의 변화를 관찰했다. 또 각기 동일한 양을 넣어 어떤 세제가 금붕어에게 피해가 큰가를 알아냈다.

결과 △모든 종류의 세제가 적게 넣을 때보다 많이 넣었을 때 금붕어가 빨리 죽는다. △ 빨래세제 – 샴푸 – 퐁퐁 – 비누의 순으로 금붕어에게 피해를 주는 것을 알게 되었다.

정숙이와 정미, 한샘이, 민경이는 죽어 가는 금붕어를 보면서 되도록 합성세제를 사용하지 말아야겠다고 생각했다. 실험을 위해 '목숨을 바친' 금붕어들이 너무 불쌍해 실험을 마친 후 무덤을 만들어 주고 금붕어의 명복을 함께 빌었다.

채소와 과일의 종류에 따라 발생되는 전류의 세기는 어떻게 다를까?

– 연구자 6학년 1반 위인희·공민경

동기 오이와 사과에서 전기가 발생된다는 사실을 알고 무척 신기했다. 다른 채소나 과일들에서도 전기가 발생되는지 알고 싶은 호기심이 생겼다.

내용 채소(호박, 오이, 당근, 양파, 가지, 토마토)와 과일(사과, 참외, 배)에 아연판과 구리판 한 짝씩을 번갈아 끼운 후 전기회로를 연결하여 전기가 발생하는 지를 확인하고 전기의 세기를 측정했다.

결과 △실험한 모든 과일과 채소에서 전기가 발생했다. 발생한 전기의 세기는, △아연판으로 실험했을 때 토마토 – 호박 – 참외 – 오이 – 당근 – 가지 – 양파 – 사과 – 배의 순 △구리판으로 실험했을 때 토마토와 배 – 양파와 참외와 호박 – 당근 – 오이 – 가지 – 사과의 순 △아연판과 구리판으로 실험했을 때 토마토 – 호박과 오이, 가지 – 배 – 사과 – 참외 – 당근 – 양파 순이었다.

인희와 민정이는 매일 맛있게 먹는 과일과 채소에서 전기가 흐른다는 것이 신기하기만 하다. 혹 전기가 발생하지 않는 것도 있는지 다른 종류도 조사해 보고 싶다. 또 익혔을 때와 익히지 않았을 때의 전류의 세기 차이도 알아보려 한다.

병아리의 울음소리 연구

－연구자 6학년 1반 손혜영

동기 병아리를 키우다 보니까 병아리의 울음소리가 때마다 다른 것이 이상하고 궁금해 이 연구를 시작하게 되었다.

내용 병아리 2마리, 상자 2개를 준비한 다음, 상자 하나마다 병아리를 한 마리씩 넣고 상황을 달리하여 병아리의 울음소리와 크기, 간격을 관찰하여 기록하였다.

결과 △병아리 울음소리는 '삐약삐약' 한 가지가 아니라 다양했다. 병아리의 울음소리는, △먹이를 줄 때 '비육비육' △하루 동안 물을 주지 않을 때는 '비악비악' △먹이를 6시간 동안 주지 않아 배가 고플 때는 '비비' △주인이 있을 때 '빡빡' △고양이가 올 때는 아주 큰소리로 '삐약삐약' 하고 울었다.

혜영이는 이제 병아리의 울음소리만 듣고서도 병아리가 무엇을 원하는지 알아서 편안하게 해줄 수 있게 되었다. 비록 하찮은 동물이라도 감정을 표현한다는 사실이 놀랍기만 한 혜영이는 병아리가 아닌 다른 동물들도 귀찮게 하지 않고 사랑하기로 마음먹었다.

옛날과 오늘날의 초등학생 방학생활 비교

– 연구자 6학년 3반 이병재 · 김동환

동기 부모님께서 옛날의 방학생활에 대해 말씀해 주실 때, 방학생활이 부모님들 때와는 어떻게 달라졌는지 조사해 보고 싶었다.

내용 매산초등학교 6학년 학생 50명과 학부모 50명을 대상으로 설문조사

결과 △옛날이나 오늘날이나 방학은 재미있고 기대된다고 답을 했다. △옛날에 방학 중에 주로 하는 일은 어른들의 농사일 같은 집안일을 도운 반면 요즘은 학원에 가거나 밖에서 놀았다고 했고 △옛날에는 일찍 일어나고 늦게 잤지만 오늘날에는 늦게 일어나고 늦게 자는 것으로 △방학숙제는 모두 많다고 했는데 오늘날에는 여행이나 견학과 같은 숙제가 많아진 것이 특징이다. △우리들보다 어른들이 초등학생이었을 때 방학생활 계획표를 잘 지켰다고 대답했다.

조사를 하면서 병재와 동환이는 부모님들에게도 방학을 기다리고 방학숙제가 싫어 개학전날 한달치 일기를 몰아서 쓰던 어린 시절이 있었다는 사실을 새삼 깨닫고 우스웠다. 중학교에 간 다음에도 시간이 나면 옛날과 오늘날 초등학생들의 방과 후 생활에 대해서 조사해 보고 싶다.

파리는 어떤 색을 좋아할까?

– 연구자 6학년 3반 이광진·김동우

동기 어느 날 어머니가 깨끗하게 빨아 놓은 흰 와이셔츠에 파리가 날아와서 똥을 누었다. 쫓아도 계속 와이셔츠에 파리가 앉는 것을 보고 파리가 색을 구별할 수 있는지, 어떤 색을 좋아할까 의문이 생겼다.

내용 수원시립도서관에서 학습대백과사전을 보고 파리에 관하여 조사했다. 흰색, 주황, 빨강, 노랑, 녹색, 밤색, 검정색 색종이 위에 밥알을 얹은 후 주변에 쓰레기통을 늘어놓아 파리를 불러 들였다. 5분 간격으로 어느 색종이에 파리가 많이 앉아 있는지 조사했다.

결과 △파리는 흰 와이셔츠와 같은 흰 종이에 가장 잘 앉는 것으로 조사되었다(15분 동안 31마리) △다음으로는 노란색, 주황색 등으로 밝은 계통을 좋아한다는 것을 알게 되었다.

광진이와 동우는 파리가 흰색을 좋아하는 이유가 무척 궁금하다. 기회가 생기면 그 이유를 더 알아보고 싶고, 황토색으로 된 파리 끈끈이를 흰색으로 바꾸면 파리가 더 많이 잡히지 않을까 연구해보고 싶다.(주부생활, 1998년 12월호, 496~498쪽)

다음은 위 기사와 함께 실린 매산초등학교 정종민 교사의 글이다.

아이들의 무한한 가능성, 미리 재단하지 마세요

논문을 준비하면서 아이들은 열이면 열, 모두 할 수 없을 것 같다고 말합니다. 선생님들과 학부모님들도 아이들을 믿지 못한 것은 마찬가지였습니다. 하지만 우리 아이들이 스스로 입증한 능력은 그야말로 대단했습니다.

과일이 전기가 통한다는 사실을 안 한 아이는 과일을 건전지 모양으로 깎아 시계에 끼웠답니다. 시계가 움직일 줄 알았던 모양입니다. 아이다운 상상력이죠. 한동안 낙담했던 아이는 구리판과 아연판을 과일에 찔러 넣고 검류계 장치를 이용하여 전류를 증폭시키면 된다는 사실을 발견해 냈습니다. 스스로 말입니다.

우리 학생들은 논문을 쓴다는 결코 쉽지 않은 작업을 통해 사물을 유심히 관찰하는 습관을 얻고, 연구의 방법을 체득하게 됩니다. 또 팀을 이룬 공동 작업을 통해 더불어 사는 인성을 키울 수 있게 됩니다.

아이들의 가능성과 창의성을 제대로 키워 주는 것이 좋은 교육입니다. 하지만 그 방법을 찾는 것은 결코 쉬운 일이 아닙니다. 우선은 '틀렸어', '그건 안 돼' 등 아이의 능력을 믿지 못하는 말보다는 아이의 눈높이에서 알아듣기 쉽게 설명하고 아이 스스로 답을 찾아갈 수 있도록 길을 열어 주는 것부터 시작해 보십시오(주부생활, 1998년 12월호).

74

초등생 졸업논문 '기발한 창의력' 가득

"장미꽃잎도 손톱 물들까" "과일·채소에 전류가 흐를까"

수원 매산초 6년생 135명 61편 써내

엉뚱한 주제도 거뜬히 소화

관찰·상상력 성취감 북돋워

대학처럼 졸업논문을 쓰는 초등학교가 있다. 경기 수원의 매산초등학교. 6학년생 1백35명이 혼자 또는 서너 명이 짝을 지어 1년 동안 61개의 주제로 논문을 썼다.

6학년 1반의 손혜영 양. 집에서 병아리를 키워 보니 울음소리가 다른 게 이상하고 궁금해 '병아리 울음소리'를 주제로 연구, 병아리 두 마리를 상자에 넣고 5개월 동안 조사한 결과 △배고플 때는 '비비비비' △목마를 때는 '비악비악' △먹이 줄 때는 '비육비육' △주인이 있을 때는 '빡빡' △고양이가 올 때는 '삐약삐약' 큰 소리로 운다는 것을 밝혀냈다. 같은 반 조윤주, 김은지 양의 주제는 '어린이가 주고 싶거나 받고 싶은 선물은?' 4, 6학년 각 50명에게 설문을 돌려 4학년은 학용품과 장식품을, 6학년은 유행하는 물건과 장식품을 원한다는 사실을 밝혔다. 이 밖에 '초등학생은 어떤 이성 친구를 좋아할까', '장미꽃도 손톱에 물들일 수 있나', '과일과 채소에 어느 정도의 전류가 흐를까' 등으로 연구주제가 다양하다.

학기 초 주제를 정할 때 '과연 해낼 수 있을까' 하는 생각이 들거나 다소 엉뚱한 내용을 다루겠다는 경우도 있었지만 창의력을 키워 주기 위해 대부분 수용한다는 게 정종민 연구주임교사의 설명. 분야마다 지도교사를 정해 의문이 들 때는 수시로 물을 수 있게 한다. 정교사는 "논문을 쓰면서 사물을 주의 깊게 바라보고 끝난 뒤에는 '해냈다'는 성취감을 얻을 수 있는 게 이 교육의 장점"이라고 설명. 6학년생 어린이들은 내년 2월 졸업식 때 졸업장만 받는 다른 학교 학생과는 달리 논문집 ≪배우며 연구하며≫를 더 받는다.

〈윤양섭 기자〉 lailai@donga.com(동아일보, 1998.11.17, 화요일, 제24041호)

75

파리는 무슨 색을 좋아할까?

비육비육, 비악비악, 빡-빡, 비비비비, 삐-약……. 얼핏 들으면 무슨 소리인지 알 수 없는 이 소리는 전부 병아리가 내는 울음소리다. 수원의 매산초등학교 6학년 손혜영 어린이는 병아리 울음소리가 이만큼 여러 가지라는 것을 실험을 통해 알아냈다. '삐약삐약'으로만 들리던 병아리 소리가 이렇게 다르다는 것을 알아낸 혜영이는, "화날 땐 큰소리치고, 슬프면 울고, 기쁠 땐 웃는 사람처럼 병아리도 자기감정이 있어요. 물을 안 주면 '비악비악' 울고, 주인이 옆에 있을 땐 '빡빡' 울더라고요. 여섯 시간 동안 먹이를 안 줬더니 '비비' 하고 울었어요. 작은 동물에게도 감정이 있다는 걸 알게 됐어요."

세심한 관찰력이다. 하지만 매산초등학교에서 이 정도는 보통이다. 바로, 해마다 6학년이 되면 써야 하는 이른바 '졸업논문' 덕이다. 대학생도 아닌 아이들에게 논문을 써내라고 하니 처음에는 혼란도 많았고 학부모들 반응도 시큰둥했다.

"시작한 지 3년 됐습니다. 아이들에게 배워야 할 것은 한두 가지가 아니지만, 그중에서도 반짝이는 창의성은 참 특별합니다. 논문을 쓰게 하면서 아이들보다 선생님들이 더 많이 배웠다고도 할 수 있죠. 무엇보다 중요하게 생각한 학습효과는 둘 혹은 셋이 의논하고 토론하는 '과정'에서 서로를 존중하게 만드는 거였습니다. 혹, 아이들이 사실과 다른 결론을 냈다 하더라도 교사는 방향을 잡아 주는 것만 할 뿐, 어떤 결과를 강요하거나 정답을 가져오라고 하지는 않습니다. 실험 결과가 중요한 게 아니거든요."

정종민 교사의 말처럼 아이들은 논문을 쓰면서 친구들과 더 친하게 지내게 되고, 자신감도 갖게 됐다고 한다.

아이들의 연구 주제는 아이들 머릿수만큼이나 다양하다. '채소나 과일의 종류에 따라 발생되는 전류의 세기는 어떻게 다를까', '개미는 과연 어떤 흙을 좋아할까', '옛날과 오늘날의 초등학생 방학 비교', '뚱뚱한 아이와 마른 아이가 좋아하는 음식은 서로 어떻게 다를까' 등 전부 135명이 참가해 61편의 논문을 완성했다.

아이들이 실험을 한 방법도 제각각이다.

병아리 울음소리 실험을 위해 혜영이는 엄마와 함께 직접 세류동에 가서 병아리를 샀다. 그리곤 병아리를 상자 두 개에 나눠 키우며 시시때때로 병아리 소리를 열심히 들었다. 처음엔 녹음기를 사용했는데, 아무리 소리를 높여도 제대로 들리지 않아 결국은 귀로 들리는 만큼만 기록했다. 비록 '크다', '보통이다', '작다' 정도로 밖에 소리의 크기를 구분하지 못했지만, 훌륭한 기계를 가지고 한 것보다 훨씬 더 재미있는 실험이었음은 물론이다. 장비 때문에 포기하고 싶단 생각은 한 번도 안 했다는 대견한 꼬마과학자다.

'파리는 어떤 색을 좋아할까?'라는 궁금증으로 논문을 시작한 이광진·김동우 어린이는 평소의 관찰력이 특히 돋보이는 실험을 했다.

"여름이었는데요, 엄마가 빨래를 널어놓았거든요. 하얀 빨래가 거의 다 말랐는데 파리가 날아들기 시작하는 거예요. 그런데 다른 색 빨래도 많은데 꼭 흰 빨래에만 날아들더라고요. 그래서 파리도 좋아하는 색깔이 있나, 실험해 보기로 했죠."

광진이랑 동우는 흰색, 노랑, 주황, 빨강, 노랑, 검정색 등의 색종이 위에 밥을 조금 얹어 놓고 파리가 가장 많이 앉는 쪽이 어디인가를 관찰했다. 한눈팔지 않고 지켜보는 일이 어지간히 힘들었을 텐데도 5분 뒤, 10분 뒤, 15분 뒤까지 열심히 날아오는 파리의 수를 헤아렸다. 웽웽대는 파리 때문에 수가 헷갈리기도 했지만, 둘 다 마지막 한 마리까지 놓치지 않으려고 애썼다.

"흰색에 제일 많이 앉았고요, 다음이 노란색, 주황색 순이에요. 밝은 색을 좋아하나 봐요. 실험하고 나서요, 누런색 혹은 황토색인 파리잡이 끈끈이의 색을 흰색으로 바꾸면 파리가 더 많이 잡히지 않을까 생각했어요."

얘기하는 중에도 쉴 새 없이 장난치는 광진이와 동우. 졸업논문을 쓰며 더없이 친한 단짝이 되었음을 알겠다. 다른 아이들은 그냥 넘겨 버렸을지도 모를 파리와 색깔의 관계를 궁금해 하고 그것을 실험을 통해 풀 수 있었던 것은 이 아이들이 매산초등학교 6학년이었기에 가능한 일이었다. 다른 곳에서였다면 어쩌면 '도대체 그런 게 왜 궁금한 거야? 쓸데없이!', 에디슨처럼 이런 면박이나 받았을지도 모를 일.

논문을 쓰는 데는 선생님들의 도움도 컸다. 아이들끼리 우왕좌왕하지 않도록, 매산초등학교의 모든 선생님들은 학년과 반에 상관없이 논문 지도교사를 맡고 있다. 졸업한 아이들은 담임선생님보다 논문 지도교사를 먼저 떠올리기도 한다고, 그만큼 논문쓰기가 각별한 체험이었단 얘기다. 논문을 쓰면 반 아이들 앞에서 발표도 하고 학년 전체를 대상으로 발표회를 따로 가지기도 한다. 논문에 관한 모든 일을 맡아 하고 있는 정종민 교사는, "주제도 생각도 자유롭게 선택할 수 있는 기회가 아이들에겐 생각보다 많지 않습니다. 아이들이 주제를 선택하면 최대한 그걸 존중하려고 하는 것도 그 때문입니다. 졸업하면 그만이 아니라 가정에서부터 창의성을 살려 주는 교육이 계속됐으면 하는 바람을 갖게 되지요."

겨울방학이 끝나면 6학년 아이들은 자신의 논문이 실려 있는 논문집 ≪배우며 연구하며≫를 손에 들고 졸업식을 치르게 된다. 이들에 이어 곧 6학년이 될 아이들은 열심히 논문주제를 고민하게 될 것이다. 그렇게 또 일 년이 지나면 새로운 꼬마 학자들이 생겨날 테고, 이 논문 제도를 배워 가는 다른 학교 선생님들도 많다고 하니, 보다 많은 아이들이 자기 호기심을 실제로 실험하고 조사하는 경험을 갖게 되겠다.

모든 것을 당연하게 받아들이고, 별로 궁금할 것도, 알고 싶은 것도 없는 어른이 되면서 호기심을 잃어버렸다면 아이들의 논문을 통해 '궁금증'을 되살려 보는 건 어떨지.

(작은 것이 아름답다, 녹색세상, 1999년 2월호, 24~27면)

76

병아리 말소리를 들어봤나요?

졸업논문 쓰는 수원 매산초등학교 6학년 어린이들

은호와 초희는 다리가 퉁퉁 붓도록 광교산 일대를 돌아다녔다. 수원에 자리한 광교산 계곡의 오염도를 논문으로 쓰기 위해서다. 윤주와 은지는 100명에게 돌린 설문지를 분석하느라 밤을 새다시피 했다. '어린이들이 주고 싶거나 받고 싶어 하는 선물은 무엇일까'란 논문을 마무리 짓기 위해서다.

아이들이란 의외성의 존재?

매산초등학교 6학년 어린이들이 졸업논문을 쓰기 위한 막바지 구슬땀을 흘리고 있다. '졸업논문제'는 학교 측이 아이들의 창의력과 표현능력을 길러 주기 위해, 지난 96년부터 마련한 프로그램. 으레 있을 법한, 교사들이 정리해 주는 대로 아이들이 따라가는 식은 없다. 주제를 정하고 마음 맞는 아이들끼리 팀을 꾸리고 연구방법을 정하는 것이 다 아이들 몫이다. 게다가 실시한 지 3년을 맞고 보니, 아이들이 논문을 쓰기 위해 컴퓨터도 배우고 선배들의 논문집도 읽어 보는 등 어느 정도 마음의 준비를 하고 와,

이제는 "대충 던져 놔도 저희들끼리 잘해 나간다."는 게 교사들의 중평. 물론 대학에서 그렇듯 각 팀별로 조언을 청할 수 있는 지도교사는 있다.

매산초등학교 정종민(42) 교사는 논문을 지도하며 느낀 아이들의 특징을 '의외성'이라는 단어로 설명한다.

"'에이, 애들이 어린데 이런 것은 못할 거야'라고 생각되는 걸 의외로 해내는 경우도 있는가 하면, '어린 아이라도 이 정도는 알겠지' 싶은 것도 막상 얘기해 보면 전혀 모르는 경우도 있어요. 이렇게 예상을 벗어나는 게 아이들인 거 같아요." 한마디로 예측불허, 어디로 튈지 모를 럭비공 같다는 것.

실제로 아이들이 쓰고 있다는 논문 제목만 훑어봐도 이 사실은 짐작이 간다. '팔달산의 환경보호 실태조사', '교과서에 나오는 외래어 조사 연구'같이 멀쩡한(?) 게 있는가 하면, '액체 한 방울의 크기와 물체가 액체 속에서 떨어지는 속도와 어떤 관계가 있을까?', '달팽이 배설물은 먹이에 따라 어떻게 다를까', '병아리 말소리를 들어봤나요?'처럼 어른들은 짐작도 못할 세계를 보여주는 것들도 있다.

하기는 노는 것만 좋아할 것 같은 아이들이 이렇게까지 '논문 집필'에 열심이라니, 그 자체로 이미 어른들의 뒤통수를 치지 않는가.

논문지도의 원칙 : 엉뚱함을 인정하라.

'병아리의 말소리'라는 논문만 해도 그렇다. 지도교사 정명희 씨는 재미있긴 하지만 솔직히 그게 논문이 될까 싶었다고 한다. 하지만 어떻게 연구를 할래? 하고 물어보니, 학생(손혜영, 13)이 의외로 소리의 간격을 초시계로 재고

크기를 기록해 보겠다는 등 과학적인 연구방법을 제시해 진행해 보기로 했다는 것. 엉뚱함에서 시작된 혜영이의 논문은 보통 때는 '비육비육', 배고플 때는 '비악비악', 먹이를 주면 '비비비비', 반가우면 '빡빡'이라는 놀라운 관찰력을 성과물로 남겼다.

'잠자리의 앉는 방향과 햇빛은 어떤 관계가 있을까?' 역시 아이들의 엉뚱한 발상을 보여 주는 논문. 잠자리 역시 사람과 마찬가지로 햇빛을 등지고 앉는 경향이 있다는 사실을 훌륭히 밝혀냈다. 비록 연구자인 선화가 여름방학 내내 잠자리를 쫓아다니느라 진땀을 뺐지만 말이다.

"지도교사는 너무 높은 수준의 요구를 하지 말아야 합니다. 다소 엉뚱하고 조잡해 보이더라도 그대로 인정해 주고 큰 방향만 잡아 주는 자세가 필요하죠." 3년간 졸업논문제의 총진행을 맡은 정종민 교사의 말. '번듯한' 논문을 만들려는 욕심보다는 '어린이 눈높이' 원칙이 중요하다는 얘기.

학생들의 졸업논문은 교내 발표대회를 거쳐 올해 말 한 권의 책으로 묶여질 예정이라고 한다. 졸업장과 나란히 논문집을 들고 학교를 나설 이 아이들은 그 뿌듯한 감회가 남보다 곱절은 더하지 않을까.

끝으로, '병아리의 말소리' 연구를 한 혜영이에게 "석 달이 넘게 병아리를 키웠으니 이제 닭이 다 되었겠구나." 하고 물으니 태연한 얼굴로 혜영이가 하는 말. "닭이 되긴 했는데요. 논문도 다 쓰고 해서 잡아먹었는데요."

과연 아이들이란, 어른의 잣대로 잴 수 없는 다만 천진할 따름인 의외성의 존재가 아닌가.

글. 김은하 기자 (뉴휴먼丹, 1998년 11월호, 56~57면)

저자 소개

정종민(鄭鍾玟)

• 학력

전주교육대학교, 전주대학교 졸업

고려대학교 교육대학원 졸업

• 경력

수원 매산초등학교 외 6개교 근무

경기도화성오산교육지원청 장학사

화성 기산초등학교 교감

경기도교육청 장학사

수원 창용초등학교장

경기도가평교육지원청 교수학습과장

경기도교육청 장학관

현 경기도성남교육지원청 교수학습국장

• 활동

한국방과후학교학회 이사(총무위원장)

보훈교육연구원 나라사랑 홍보대사

경기도립성남도서관 운영위원

성남시청소년육성재단 이사

• 논문

아동의 미래시간전망에 관한 일연구

아이들의 이름을 불러 주자

초판 1쇄 발행 | 2013년 7월 15일
초판 2쇄 발행 | 2014년 3월 15일

저 자 | 정 종 민
발행인 | 이 중 수
발행처 | 동 문 사

주소 : 서울특별시 서대문구 홍제원 1길 12(홍제동 137-8)
Tel : 02)736-3718(대), 736-3710, 3720
Fax : 02)736-3719
등록번호 : 제9-17호
가격 : 15,000원

ISBN : 978-89-8251-590-3(03810)
E-mail : dong736@naver.com
www.dongmunsa.com